KLEINE MODELLBAHN-REIHE · BAND 18

Bahnbetriebswerke im Modell

von Hans-Joachim Spieth

ALBA BUCHVERLAG · DÜSSELDORF

1. Auflage: Oktober 1975

© Copyright 1975 by Alba Buchverlag GmbH + Co. KG, Düsseldorf
Manuskript abgeschlossen im Juli 1975
Titelfoto: Rolf Ertmer, Paderborn
Herstellung: L. N. Schaffrath, Geldern
ISBN 3-87094-519-2

Vorwort

Vergleicht man die Eisenbahn mit einem Körper, dann kann man im Betriebswerk das Herz dieses Organismus sehen, das ihn mit pulsierendem Leben füllt. Dies gilt in besonderem Maße für das Dampflok-Bw, in dem selbst abgestellte Maschinen noch Wärme abstrahlen und durch das gelegentliche Arbeiten ihrer Aggregate Leben zeigen. Diesen starken Eindruck können die Diesellokomotiven und die elektrischen Triebfahrzeuge nicht vermitteln. Sie sind nützlich wie ein Automobil – und sicher auch interessant – und werden nach dem Einsatz genauso in der ,,Lokomotivgarage" oder im Freien abgestellt.

Diese starke Anziehung auf Jung und Alt besteht seit Anbeginn des Eisenbahnverkehrs und ein Stück dieser Eindrücke soll nun auf der Modellbahnanlage festgehalten werden. Aus der Beobachtung vieler Modellbahnberichte und aus der Auswertung geeigneter Vorbildsituationen und der Dienstvorschriften der Bundenbahn sind Gedanken und Vorschläge herausgewachsen, die in diesem Band der Kleinen Modellbahn-Reihe zusammengefaßt wurden. Ausgehend von dem Begriff Bahnbetriebswerk und der Einordnung der Lokomotivbahnhöfe in das Eisenbahnnetz werden Anregungen gegeben, diese Dinge in die Sprache der Modellbahn zu übertragen. Verständlich ist, daß gerade das Dampflok-Bw als das interessanteste von allen zum beherrschenden Thema wurde. So ist ein breiter Raum den einzelnen Behandlungsanlagen gewidmet. Aus den Plänen lassen sich Vorschläge für ein Modellbahn-Bw jeglicher Größe und Spurweite ableiten. Darüber hinaus soll das Büchlein den Leser anregen, sich mit dem Thema Bahnbetriebswerk zu beschäftigen, und Unterlagen für die eigene Planung und den Modellbau geben. Das Modellverzeichnis im Anhang erleichtert die Auswahl geeigneten Zubehörs.

Verständlich ist, daß trotz der Fülle der Darbietungen Format und Umfang des Bandes Grenzen setzen, die eine breitere Behandlung des großen Themas nicht zulassen. Die Beschränkung auf die Bahnbetriebswerke auf der Modellbahn war die zwangsläufige Folge.

Zum Schluß möchte ich allen Eisenbahnfreunden, Modelleisenbahnern und den Herstellern von Modellbahnen und Zubehörartikeln danken, die diese Arbeit durch Pläne, Bilder und Anschauungsmuster unterstützt haben. Besonderen Dank gebührt den Dienststellen der Deutschen Bundesbahn, allen voran der Pressestelle der Direktion Stuttgart, für das Verständnis und die freundliche Aufnahme.

Hans-Joachim Spieth

Stuttgart, im Juli 1975

Inhalt

Vorwort 3

Das Bahnbetriebswerk 7
Einteilung nach den Aufgaben 8
Die Lage des Bahnbetriebswerkes 10
Die Gleisanlagen im Bahnbetriebswerk 13

Die Behandlungsanlagen im Dampflok-Bw 16

Die Bekohlungsanlagen 17
Die Kleinbekohlung 17
Die Bekohlung mit Drehkränen und Kohlenhunten 21
Muß es immer ein Bekohlungskran sein? 23
Die Bekohlung mit Greiferdrehkränen 26
Die Großbekohlung mit Hochbunker 30

Die Ausschlackanlagen 33

Wasserturm und Wasserkran 38

Die Besandungsanlage 42

Die Öltankanlagen 46
Der Ölkran 46
Die Dieseltankstelle 49

Sonstige Einrichtungen 52
Das Rohrblasgerüst 52
Überladekran und Hebeböcke 54

Lager, Schuppen und sonstige Gebäude 59

Drehscheibe oder Schiebebühne? 62
Die Drehscheibe 63
Die Schiebebühne 65

Inhalt

Die Lokschuppen 67
Welches Bw ist geeignet? 71
Wir planen ein Bw 76
Das Nebenbahn-Bw 77
Das Hauptbahn-Bw 81
Das mittlere Bw 82
Das große Bw 84
Bw für Diesel- und elektrische Triebfahrzeuge 86

Was man nicht vergessen darf 88
Planungs- und Gestaltungsbeispiele 90

Anhang
Modellverzeichnis 98
Sinnbilder und Erläuterungen 105

Das Bahnbetriebswerk

Alle Triebfahrzeuge der Bahn – Lokomotiven und Triebwagen – werden nach einer gewissen Dienstleistung einem Bahnbetriebswerk (Bw) oder einer Dienststelle mit gleichartigen Aufgaben zugeführt. Dort werden sie wieder betriebsbereit hergerichtet. Zur Betriebsbereitschaft der Fahrzeuge gehört, daß sie betriebssicher sind. Dazu dienen die in längeren Abständen (Fristen) durchgeführten Untersuchungen in den Ausbesserungswerken (AW). Unerwartet auftretende Schäden, die die Sicherheit beeinträchtigen können, werden im Bw behoben, sofern sie von leichter Natur sind. Um die Betriebssicherheit zu gewährleisten, werden die Maschinen im Bw laufend überprüft. Diese Maßnahmen nennt man Nachschau.

Zur Betriebssicherheit gehört auch, daß die Triebfahrzeuge betriebstüchtig sind. Dazu dient die Versorgung mit Brennstoffen und Wasser, mit Schmierstoffen und bei Dampflokomotiven das Entfernen von Feuerungsrückständen wie Asche, Schlacke und Lösche. Ein betriebsbereites Fahrzeug muß auch äußerlich sauber sein, um verkehrswerbend zu wirken.

Diese Arbeiten werden durch die Begriffe Fahrzeugbehandlung und Unterhaltung näher umrissen. Daraus resultieren auch alle Arbeiten und ihre zeitliche Folge im Bahnbetriebswerk, besonders im Dampflok-Bw.

Auf dem Gebiet der Modellbahn kann auf die Dienstanweisungen an das Personal verzichtet werden, weil man nur die verschiedenen Behandlungen andeuten kann. Dabei sollte aber keine wesentliche Station vergessen werden.

Wir unterscheiden demnach

1. *die Pflege der Fahrzeuge.* Dazu gehört z. B. bei Dampflokomotiven auch das Entschlacken, damit eine gute Dampfentwicklung gewährleistet wird.

2. *die Versorgung mit Betriebsstoffen* wie Kohle oder Öl, Dieselkraftstoff und Heizöl, Schmierstoffe, Putzwolle und Sand.

3. *die Unterhaltung der Triebfahrzeuge.* Dazu gehört die Ausbesserung leichter Schäden, der Tausch von Bauteilen (Kuppelstangen und Treibstangen, Radsätze, Federn, Puffer, Wasser- und Luftpumpen usw.) und Fristarbeiten.

Unter Fristarbeiten versteht man eine Reihe von eingehenden Prüfungen, Wartungsarbeiten und kleineren Instandsetzungen, die planmäßig in bestimmten Abständen (Fristen) ausgeführt werden.

Fristarbeiten sind z. B.
bei Dampflokomotiven das Auswaschen des Kessels, das Ausblasen der Rohre und andere Arbeiten.

bei Fahrzeugen mit Dieselmotoren das Einstellen des Ventilspiels, das Tauschen von Luftfiltern oder der Ölwechsel bei Motor und Getriebe.

bei elektrischen Triebfahrzeugen das Überprüfen der Stromabnehmer und der elektrischen Dachausrüstung wie das Durchprüfen der Stromkreise.

Das Bahnbetriebswerk hat die Aufgabe, alle baulichen und maschinellen Einrichtungen

Das Bahnbetriebswerk

einschließlich der Gleisanlagen aufzunehmen, die zur Behandlung und Unterhaltung der Triebfahrzeuge nötig sind. Außerdem sind die Räume für die Verwaltung und die dort beschäftigten Bediensteten vorzusehen. Betrieblich sind die auch Lokomotivbahnhöfe genannten Betriebswerke selbständige Einheiten. Nur bei kleinen Bahnen ist das Bw einem Bahnhof räumlich und dienstlich angegliedert.

Solange Züge ausschließlich mit Dampflokomotiven bespannt waren, war der Begriff Bahnbetriebswerk eindeutig. Mit der Umstellung auf andere Traktionsarten kam die Unterscheidung nach der Antriebsart der zugeteilten Fahrzeuge, da eine andere und meist geringere Ausrüstung nötig wurde. Diesellokomotiven und Elloks benötigen keinen so großen Aufwand wie ihre schwarzen Schwestern. Außerdem gibt es gemischtbelegte Bw. An ihrer Bezeichnung Bahnbetriebswerk hat sich aber nichts geändert.

Einteilung nach den Aufgaben

Nach den Aufgaben unterscheidet man

1. Heimat-Bahnbetriebswerke (Heimat-Bw)
2. Mutter-Bahnbetriebswerke (Mutter-Bw)
3. Einsatz-Bahnbetriebswerke (Einsatz-Bw)
4. Personaleinsatz-Bahnbetriebswerke (Personaleinsatz-Bw).

In den Heimat-Bw werden alle vorgenannten Arbeiten durchgeführt. Es ist der für den Modellbahner interessanteste Typ, bedarf aber auf der Anlage einer gewissen Größe und Mindestausstattung. Auch für ein selbständiges Anlagenthema eignet sich dieses Bw gut.

Unter einem Mutter-Bw versteht man ein Bahnbetriebswerk, das über seine Aufgabe als Heimat-Bw hinaus die Lagerhaltung großer Ersatzteile hat und den Austausch an eigenen wie an fremden Lokomotiven vornimmt. Diese Zusatzaufgabe kann auch an ein günstig gelegenes Ausbesserungswerk abgegeben werden. Für elektrische Triebfahrzeuge gibt es keine Mutter-Bw.

Sind bei Fahrzeugbauarten für die Unterhaltung besondere Geräte und Werkzeuge erforderlich, werden diese Fahrzeuge gleicher Bauart nur einem einzigen Heimat-Bw zugeteilt. Diesem werden die beheimateten Fahrzeuge aber nur zu den Unterhaltungsarbeiten zugeführt. Für den betrieblichen Einsatz (Pflege und Versorgung mit Betriebsstoffen) sind sie einem anderen Bw zugewiesen, das für diese Fahrzeuge Einsatz-Bw ist.

Im Gegensatz zum Mutter-Bw, das für die Modellbahn in der Regel wegen der benötigten Werkstattbauten und räumlichen Größe ungeeignet ist, bringt das Einsatz-Bw Vorteile. Auf einen Teil der Anlagen, z. B. Werkhallen, Aufstellgleise zum Ausblasen der Rohre und Auswaschen des Kessels kann verzichtet werden, während die Bekohlungsanlage, die Schlackengrube, der Besandungsturm und die Wasserkräne unbedingt vorhanden sein müssen.

Bahnbetriebswerke, die für die Triebfahrzeuge anderer Bw nur das Personal stellen, an den betreffenden Fahrzeugen aber keine Behandlung oder Unterhaltungsarbeiten ausführen, sind für die betreffenden Lokomotiven und Triebwagen Personaleinsatz-Bahnbetriebswerk. Auch dieser Typ ist für die Modellbahn nicht gefragt.

Ist das Bahnbetriebswerk ein selbständiges Anlagenthema, können die genannten Arten zusammen dargestellt werden. Das Bw kann für die Baureihe Mutter-Bw sein (z. B. ölgefeuerte Dampflok der Reihen 012, 042 und 043), daneben für eine andere Bauart Heimat-Bw (z. B. 044, 050–053) und schließlich für noch andere Bauarten Einsatz-Bw oder Personaleinsatz-Bw (z. B. 023, 038, 055, 056, 078).

Von einer Bw-Außenstelle spricht man, wenn ein Bahnhof ständig eine Anzahl von Triebfahrzeugen benötigt. Solche Gründe liegen vor bei ständigem Verschiebedienst und Bedienung von Anschlußgleisen oder als Ausgangspunkt einer Nebenbahn. Liegt in der Nähe eines derartigen Bahnhofs kein Bw, werden oft Außenstellen gebildet, um Leerfahrten zwischen Bahnhof und Bahnbetriebswerk zu vermeiden. Organisatorisch ist die Außenstelle Teil eines Bw. Die offizielle Bezeichnung lautet: Außenstelle des Bw Adorf, die Abkürzung ist Bw Ast. Die Ausrüstung beschränkt sich auf die Anlagen für Behandlung und Unterhaltsarbeiten einfacher Art. Alle übrigen Arbeiten werden im Bw ausgeführt. In den vergangenen Jahren wurden Bw, die durch die Ausmusterung der Dampflokomotiven an Bedeutung verloren haben, zu Bw-Außenstellen zurückgestuft und einem größeren Bw unterstellt. Wieder andere waren von Anfang an nur Außenstellen. Einige Beispiele mögen das verdeutlichen:

Das Triebwagendepot Eßlingen für den Vorortverkehr im Bezirk Stuttgart ist eine Außenstelle des Bw Stuttgart. Es verfügt aber über eine dreigleisige Halle mit Werkstätten und über eine Triebwagenwaschanlage.

Der Lokomotivbahnhof Miltenberg ist eine Außenstelle des Bw Aschaffenburg und die Bw-Außenstelle Beilstein an der schmalspurigen Bottwarbahn war dem Bw Heilbronn zugeordnet.

Unter einer Einsatzstelle versteht man die Zuweisung eines einzelnen Triebfahrzeuges an eine Betriebsstelle, d. h. in der Regel einem Bahnhof. Dies trifft vor allem für Rangierfahrzeuge wie die Kleinloks zu (Köf II: Brawa, Günther, Köf III: M+F). Auf dem Bahnhofsgelände ist eine Dieseltankstelle und oft ein Lokschuppen zu finden, in dem auch kleine Wartungsarbeiten durchgeführt werden können. Die Gestellung des Personals obliegt dem Bahnhof. Wenn man so will, ist die Einsatzstelle die kleinste und einfachste Form eines Bahnbetriebswerkes.

Fassen wir zusammen, welche Bw-Arten für die Modellbahn geeignet sind und gehen dabei vom kleinen zum großen Typ.

1. *Einsatzstelle* für eine einzelne Rangierlok (Kleinlok). Schuppen und Dieseltankstelle sind vorhanden. Bei einer elektrischen Lo-

komotive ist evtl. nur ein Schuppen einzuplanen.

2. *Bw-Außenstelle* für einige Rangierlokomotiven gleich welcher Traktionsart. Man könnte sich eine Anlage vorstellen, bei der Rangierbewegungen im Vordergrund stehen. Ein Beispiel war die gelungene Nachbildung des Europahafens Bremen auf der Internationalen Verkehrsausstellung 1965 in München (Erbauer MEC Bremen).

Daneben ist dieser Typ geeignet für ein Triebwagen-Bw oder für eine Neben- oder Schmalspurbahn. Der Vorteil liegt in der einfachen Ausstattung und geringer Größe der benötigten Anlagen.

Bei den größeren Bahnen der Spur 0, I und IIm (LGB) ist dieser Bw-Typ vorherrschend durch den Charakter der angebotenen Fahrzeuge.

3. *Einsatz-Bw* mit dem Verzicht auf größere bauliche und maschinelle Anlagen. Hier können durchaus größere Schlepptendermaschinen ihre Vorräte ergänzen und den nächsten Einsatz abwarten. Fristarbeiten werden nicht durchgeführt. Die dazu benötigten Gleise und Anlagen fehlen.

4. *Heimat-Bw* bzw. Mutter-Bw sollte nur in Baugröße N und auch dann nur bei großen Platzverhältnissen gebaut werden. In der Baugröße H0 kann ein stilechtes Heimat-Bw nur als selbständiges Anlagenthema in allen Details ausgestaltet werden (siehe Bild 76 auf Seite 74).

Die Lage des Bahnbetriebswerkes

Bahnbetriebswerke liegen in der Nähe von Zugbildungsbahnhöfen und Lokwechselbahnhöfen. Zugbildungsbahnhöfe sind in der Regel Personenbahnhöfe mit Abstellanlagen für Reisezüge oder Rangierbahnhöfe (Verschiebebahnhöfe). Lokwechselbahnhöfe sind erforderlich beim Übergang auf eine andere Antriebsart. In Zeiten des reinen Dampfbetriebs waren sie außerdem nötig vor längeren Steilstrecken, um frisch hergerichtete Lokomotiven zur Verfügung zu haben.

Das Bw soll günstig zu den Bahnsteiggleisen und anderen Lokwechselgleisen oder Zugbildungsgleisen (z. B. Ausfahrgruppe im Rangierbahnhof) liegen und mit diesen durch besondere Verbindungsgleise verbunden sein. Die Triebfahrzeuge sollen ihre Fahrten ungehindert und möglichst ohne Sägefahrten ausführen können. Sind bei großen Bahnhöfen mit scharfer Trennung von Reisezugdienst und Güterzugdienst manchmal zwei Bahnbetriebswerke wirtschaftlich, so ist doch in den meisten Fällen nur ein Bw vorhanden, in dem die Maschinen beider Dienste versorgt werden. Für den flüssigen Ablauf der Behandlungen ist ein großer, in die Länge sich erstreckender Platzbedarf erforderlich (Bild 1).

Von diesem Gesichtspunkt aus ist die Lage eines Bw zwischen den auseinandergezogenen Streckengleisen oder im Zusammenlauf von zwei Strecken (Bild 2) nicht günstig (Beispiele: Crailsheim, Tübingen).

Das Bahnbetriebswerk

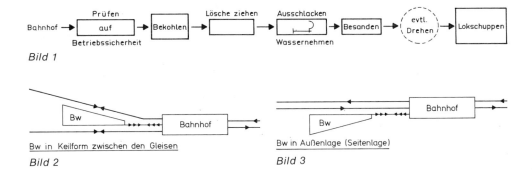

Bild 1

Bild 2 — Bw in Keilform zwischen den Gleisen

Bild 3 — Bw in Außenlage (Seitenlage)

Zwar ergeben sich kurze Verbindungsgleise zum Bahnhof mit günstigen Anschlüssen, doch ist eine Erweiterung meist nicht möglich und das Bw auch von außen schwer zugänglich. Von der Straßenseite her ist das Betriebswerk nur über Bahnübergänge oder über aufwendige Kunstbauten wie Brücken und Unterführungen erreichbar. Die beengte Lage, die auf die Länderbahnzeit mit ihrem relativ schwachen Verkehrsaufkommen zurückgeht, zwang auch zu Kompromissen in den Gleisanlagen. Diese für den Modellbahner oft reizvollen Lösungen, denn er leidet in den meisten Fällen unter ähnlicher räumlicher Beengtheit, sind für den Betrieb aufwendig und unwirtschaftlich.

Erheblich vorteilhafter ist die Lage an der Außenseite von Streckengleisen (Bild 3, Beispiele: München Hbf, Freudenstadt). Hier kann das Bw ohne kostspielige Verkehrsbauwerke an das öffentliche Straßennetz angeschlossen werden. Eine Erweiterung wird in den meisten Fällen ohne Schwierigkeiten möglich sein. Bei der Außenlage lassen sich allerdings Kreuzungen mit den Streckengleisen nicht vermeiden. Bei Anlagen mit größerem Verkehr sind Über- oder Unterführungen vorzusehen. Dieser Lage wird bei Neuplanungen stets der Vorrang gegeben.

Eine dritte Lage sei noch erwähnt: die Lage abseits der anderen Betriebsanlagen. Sie ist zu finden, wenn in der Nähe kein entsprechender Platz zur Verfügung stand. Eine derartige Lage setzt aber das Vorhandensein leistungsfähiger Verbindungsgleise voraus. Das Bw wird je nach den anfallenden Leerfahrten über eine eingleisige oder doppelgleisige, mit normaler Signalisierung ausgestattete Strecke an den Bahnhof angeschlossen.

Das Bahnbetriebswerk

Andere Gesichtspunkte wie Versorgung mit Energie und Wasser, ein guter Baugrund mit einem nicht zu hoch liegenden Grundwasserspiegel sowie die Lage zu Wohn- und Siedlungsgebieten soll hier lediglich zur Information erwähnt werden. Für ein Bw auf der Modellbahn sind sie ohne jede Bedeutung.

Nach der Häufigkeit der Anwendung der verschiedenen Lagen auf der Modellbahn ergibt sich die nachstehende Reihenfolge:

1. Bw an der Außenseite von Streckengleisen (Außenlage oder Seitenlage)
2. Bw zwischen den Streckengleisen (Keilform)
3. Bw abseits von anderen Betriebsanlagen

Die Lösung 1 überwiegt, weil in einer freien Ecke der Anlage neben den nach hinten verlaufenden Streckengleisen ein Bw gerade Platz findet. Die zweite Anordnung setzt eine grundsätzlich andere Anlagenplanung voraus. Leider findet diese reizvolle und betrieblich interessante Lage wenig Liebhaber. Für das Bw als selbständiges Anlagenthema ist die Lage 3 prädestiniert. Hierbei kann alles, was nicht zum Thema gehört, weggelassen werden.

Betrachten wir zur Vertiefung zwei Gleispläne. Als Beispiel für die Außenanlage soll das Bw Freudenstadt dienen. (Bild 4)

Die typische Seitenlage mitsamt den Kompromissen in der Gleisführung ist ersichtlich. Gleich am Ende des Hausbahnsteigs ist die Haupteinfahrt ins Bw. Dieselbe Zufahrt ist auch

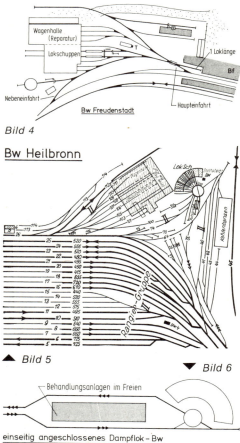

Bild 4

Bild 5

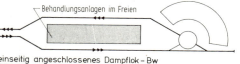

▼ *Bild 6*

einseitig angeschlossenes Dampflok-Bw

Das Bahnbetriebswerk

von anderen älteren Bw bekannt. Die Loks können nur über eine Sägefahrt zur Bekohlung gelangen. Die Drehscheibe ist an einem Stumpfgleis zwischen dem Lokschuppen und dem Stellwerk plaziert. Diese für den Betriebsablauf ungünstige Situation ist für den Modellbau durch die vielen Fahrbewegungen interessant. Auch die Anordnung der Behandlungsanlagen ist für die „Bw-Ecke" günstig.

Bild 5 zeigt in einem Originalausschnitt aus einer älteren Dienstvorschrift das Bw Heilbronn. Im Dreieck zwischen dem Umgehungsgleis 112 (oben im Bild), dem Streckengleis 45 nach Karlsruhe (rechts im Bild) und dem Rangierbahnhof, an dessen unterem Rand die Streckengleise nach Stuttgart liegen, ist das Betriebswerk eingebettet. Das Einfahr- wie das Ausfahrgleis ist gekennzeichnet. Die Rechteckhalle neben dem Ringlokschuppen dient als Wagenhalle und zur Lokausbesserung.

Trotz des Gleises 64 ist das Bw Heilbronn als einseitig angeschlossenes Bw anzusprechen, während das Bw Freudenstadt durch die beiden Zufahrten als zweiseitig angeschlossen gilt.

Bei einem einseitig angeschlossenen Bw enden die Gleise einzeln oder in einer Spitzkehre zusammengefaßt stumpf im Bw (Bild 6). Diese Anschlußart findet man vorwiegend bei der Anordnung zwischen den Streckengleisen. Es ist sozusagen ein Lokomotiv-Sackbahnhof.

In Abbildung 7 ist ein zweiseitig angeschlossenes Betriebswerk dargestellt: ein Lokomotiv-Durchgangsbahnhof. Hierbei können die Fahrzeuge am einen Ende des Bw einfahren und nach der Behandlung am anderen Ende wieder ausfahren. Die einzelnen Verbindungsgleise werden entlastet, so daß Stauungen von Triebfahrzeugen in den Hauptverkehrszeiten leichter vermieden werden können. Dieser Anschluß erfordert allerdings die Lage an der Außenseite der Streckengleise, bzw. Bahnhofsgleise.

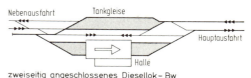

zweiseitig angeschlossenes Diesellok-Bw

Bild 7

Die maschinellen Anlagen (Bekohlung, Dieseltankstelle, Entschlackung, Besandung) sind wegen der hohen Kosten meist nur auf einer Seite, nämlich dort, wo die meisten Maschinen einlaufen. Diese Seite nennt man Haupteinfahrt.

Bei der Lage abseits anderer Betriebsanlagen wird in der Regel nur der einseitige Anschluß in Frage kommen.

Die Gleisanlagen im Bahnbetriebswerk

Eine gute Gleisanordnung trägt viel zur reibungslosen Abwicklung des Betriebs im Bw bei. Die Anordnung ist je nach Antriebsart der Fahrzeuge, die dem Bw zulaufen, verschieden, doch gibt es eine Reihe von Forderungen grundsätzlicher Art, die für alle Bw gelten.

Das Bahnbetriebswerk

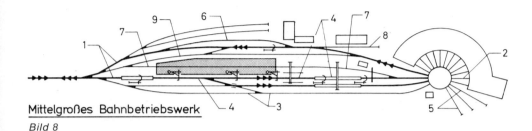

Mittelgroßes Bahnbetriebswerk

Bild 8

Man bezeichnet die einzelnen Gleise nach den Aufgaben, die sie haben. Die Benennungen sind in der Abbildung 8 eingetragen.

1 *Ein- und Ausfahrgleise* schließen das Bw an die Verbindungsgleise zu anderen Betriebsanlagen an.

2 *Zufahrgleise* zu den Ständen (Standgleise) in der Halle und zu anderen Einzelanlagen, z. B. Drehscheibe und Schiebebühne.

3 *Umfahrgleise* werden benützt, um Triebfahrzeuge an allen Anlagen oder an einem Teil davon vorbeizuleiten.

4 *Behandlungsgleise,* unterschieden nach der Art der Behandlung, z. B. Bekohlungsgleise, Tankgleise, Ausschlackgleise.

5 *Aufstellgleise* für Triebfahrzeuge (Fahrzeugstände im Freien) zum vorübergehenden Abstellen.

6 *Wartegleise,* eines oder mehrere, nahe der Ausfahrt gelegene Aufstellgleise für ausrückende Triebfahrzeuge, die aus betrieblichen Gründen noch kurzzeitig zurückgehalten werden müssen.

7 *Gleise zur Zu- und Abfuhr von Stoffen* (Kohlenwagengleis, Kessel- und Tankwagengleis, Schlackenwagengleis).

8 *Ladegleis* für andere Betriebsstoffe und Ersatzteile.

9 *Aufstellgleise* für einen Aufgleisgerätewagen (Hilfszugwagen), falls für das Bw vorgesehen oder für andere Bahndienstfahrzeuge.

Für Anordnung und Betrieb sind die wichtigsten Gesichtspunkte zu beachten:

1. Ein- und Ausfahrten sollen getrennte Fahrwege, möglichst mit Rechtsverkehr, haben.

2. Fahrzeuge, die nur eine Teilbehandlung erhalten, z. B. Bekohlen oder Auftanken, müssen aus der Reihe der Fahrzeuge, die eine Vollbehandlung bekommen, ausscheren

und an den anderen Ständen vorbeifahren und auf kurzem Wege zur Ausfahrt gelangen können.

3. Aus der Halle ausfahrende Lokomotiven sollen die Bw-Ausfahrt ohne Richtungswechsel erreichen. Außer nochmaligem Wasserfassen nach längerer Standzeit werden keine Behandlungen mehr vorgenommen.

4. Alle Anlagen im Freien sollen möglichst ohne Benutzung von Drehscheiben oder Schiebebühnen erreichbar sein. Dasselbe gilt für die Stände der Werkstatt.

5. An Arbeitsgruben, Drehscheiben oder Schiebebühnen anschließende Gleise sollen auf mindestens 15 m geradlinig verlaufen. (Bei der Modellbahn eine Gleislänge).

6. Gleise für Aufgleisgerätewagen (Hilfszugwagen) sollen zweiseitig angeschlossen sein und dürfen von anderen Fahrzeugen nicht benutzt oder versperrt werden.

Die Behandlungsanlagen im Dampflok-Bw

Mit dem Begriff Bahnbetriebswerk ist vor allem das Bild eines Dampflok-Bw verbunden. Durch seine vielen Anlagen ist es interessanter als ein Diesel- oder Ellok-Bw und in der Gestaltung auch schwieriger. Ihm soll deshalb die größere Aufmerksamkeit gewidmet werden.

Bevor wir die einzelnen Anlagen und ihre Gestaltung im Modell betrachten, sollten wir nochmals die Folge der Behandlungsvorgänge festhalten (siehe Bild 1 auf Seite 11):

1. Prüfen auf Betriebssicherheit
2. Bekohlen (Öl tanken)
3. Reinigen der Rauchkammer (Lösche ziehen)
4. Ausschlacken mit gleichzeitigem Wassernehmen
5. Besanden
6. Drehen (wenn nötig) und abstellen.

Bei Dampflokomotiven mit Ölfeuerung tritt an die Stelle des Bekohlens das Tanken von schwerem Heizöl. Die Reinigung und das Ausschlacken fallen fort. Alle Behandlungen werden im Freien durchgeführt.

Nach dem Einsatz müssen in der Regel alle Arbeiten ausgeführt werden. Bei der Vollbehandlung müssen die Lokomotiven alle Teile der Behandlungsanlagen aufsuchen. Ist nur eine Teilbehandlung nötig, z. B. nur Bekohlen oder Ausschlacken, befährt die Lokomotive möglichst nur die betreffenden Stände, worauf bei der Planung eines größeren Bahnbetriebswerkes auch im Modell Rücksicht genommen werden muß.

Die geschilderte Reihenfolge der Behandlung hat besondere Gründe, die auf Erfahrung beruhen. Das Bekohlen kommt vor dem Ausschlacken, weil

1. zum Anlegen des Ruhefeuers frische Kohle in genügender Menge zur Verfügung stehen muß,
2. damit der von der Fahrt noch erhitzte Kessel sich langsam abkühlen kann, weil während des Kohlefassens die Feuertür und die Aschekastenklappen geschlossen bleiben. Die Zufuhr schädlicher Frischluft wird verhindert,
3. Rangierlokomotiven nur Kohle fassen und dann gleich wieder zum Einsatz fahren. Die Bekohlung am Anfang der Behandlungsanlagen ist deshalb verkehrsgünstiger,
4. das Bekohlen rasch vonstatten geht, während zum Ausschlacken längere Zeit benötigt wird. Eine Ansammlung von Dampflokomotiven läßt sich dabei kaum vermeiden,
5. vermieden werden soll, daß sich Lokomotiven mit geringem Feuer noch längere Zeit bewegen. Daher sollte auch der Abstellplatz in der Nähe der Entschlackungsgruben liegen.

Erfordert das Entschlacken als zeitraubende Arbeit schon eine genügend große Anzahl von Ständen, so erfordert das Bekohlen bei mittleren und großen Bw die aufwendigsten baulichen Anlagen. Unabhängig von der Größe des Betriebswerkes, auf die bei der Anlagenplanung später eingegangen wird, sollen zuerst einmal die verschiedenen Anlagen und ihre grundsätzliche Gestaltung aufgezeigt werden.

Die Bekohlungsanlagen

Die Kleinbekohlung

Früher kam man ohne Hilfsmittel aus. Die Kohle wurde aus dem Kohlenwagen oder einem Lager direkt in die Tender der Lokomotiven geschaufelt. Diese einfache Art der Bekohlung hat sich bis heute bei Klein- und Nebenbahnen mit geringem Verkehrsaufkommen erhalten. Größere Anlagen lohnen nicht.

Zur Erleichterung der Bunkerarbeit wird die Kohle auf einem etwa ein Meter hohen Podest bzw. einer kleinen Kohlenbühne gelagert und von dort in den Kohlebehälter der Lokomotive geschaufelt. Bild 9 zeigt das gegen Witterungseinflüsse durch eine Überdachung geschützte Kohlenlager der österreichischen Zillertalbahn im Endbahnhof Mayrhofen.

Der seitlich angebrachte Kohlenkasten der Schmalspurloks ermöglicht diese Konstruktion, da der Höhenunterschied zwischen Bühne und Kohlenkasten gering ist. Die Verwendung von Körben (Fassungsvermögen 50 kg) bringt bereits eine Rationalisierung, erfordert aber zwei Mann zum Entleeren der Kohle.

Bild 9

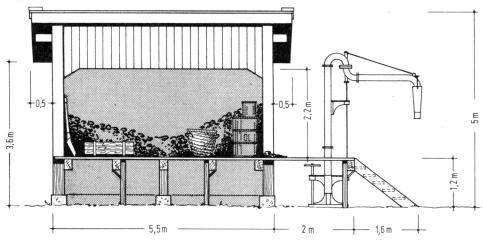

Kleinbekohlung Mayrhofen   Schuppenbreite: 3,5 m   Bühnenbreite: 1 m

Die Bekohlungsanlagen

Bild 10

Auf Bild 10 (Spur I – Anlage Fazler) ist eine solche Einfachbekohlung mit Körben und einem alten gußeisernen Länderbahnwasserkran dargestellt.

Zur Erleichterung der schweren Bekohlungsarbeit baute man höhere Bühnen und stattete sie mit kleinen Kranen und anderen Hebezeugen aus. Eine der bekannten Bekohlungsbühnen war die von Spalt bei Nürnberg. Die sehr hochliegende Kohlen-Einfüllöffnung des Glaskastens erfordert diese Ausführung.

Eine andere typische Lokalbahnbekohlung ist in Abbildung 11 dargestellt.

Diese Bekohlungsbühnen müssen selbst gebastelt werden. Man nimmt dünne Kiefernleisten, teilweise auch Balsaleisten, wie sie in jedem Geschäft für Flug- und Schiffsmodellbau angeboten werden, sofern gesägte Balken und Bretter dargestellt werden sollen. Furnierabfälle vom Schreiner sind als Bretterverschalung ebenfalls willkommen. Das Furnier läßt sich gut schneiden, wenn man es anfeuchtet und die Nässe einige Zeit einwirken läßt. Die Leisten müssen vor dem Verarbeiten dunkel gebeizt werden (z. B. Eiche dunkel), da mit Klebstoff oder Leim überzogene Stellen später keine Beize mehr annehmen.

Bei der Verwendung von Rundhölzern sind Rundstäbe weniger zu empfehlen. Sie sehen so gleichförmig aus. Im Wald gesammelte Zweige geben ein natürliches Aussehen, werden aber nach längerer Zeit brüchig.

Die Zutaten wie Kohlenschaufel, Treppe oder Leiter, Körbe, werden geeigneten Bausätzen entnommen oder müssen selbst hergestellt werden.

Die in Bild 12 dargestellte und abgewandelte Kleinbekohlung 5719 von Vollmer stellt bereits den Übergang zu einer größeren Anlage dar.

Anstatt des Kohledrehkrans kann auch ein kleiner Galgenkran angebracht werden, der die gefüllten Körbe auf das Podest hebt. Von dort wird die Kohle von Hand in den Kohlenkasten der Lok entleert.

Mit der Verwendung von feststehenden Drehkränen konnten auch die Behälter größer werden. Statt der Weidenkörbe verwendet man eiserne Kohlenhunte mit 500 kg Fassungsgewicht. Bei dem Umbauvorschlag wurde auf das Gleis für die Hunte verzichtet, weil das Kohlenlager zu klein ist.

Die Bekohlungsanlagen

Bild 11

Natürlich kann der Bausatz in der Originalform verwendet werden. Da aber viele Modellbahner eine ganz bestimmte Vorstellung von ihrer Bekohlung haben, sollen einige Angaben für diesen Umbau gemacht werden. Alle zusätzlichen Teile entstammen der Bastelkiste. Links im Bild wurde das Fundament des Kohlenlagers durch einen Treppenaufgang verbreitert. Das Kranpodest selber wurde erhöht (Mauerwerksplatten von Vollmer oder Kibri) und mit der Betontreppe versehen. Die Podestplatte ruht auf einer (Balkenlage) Trägerlage. Man

Die Bekohlungsanlagen

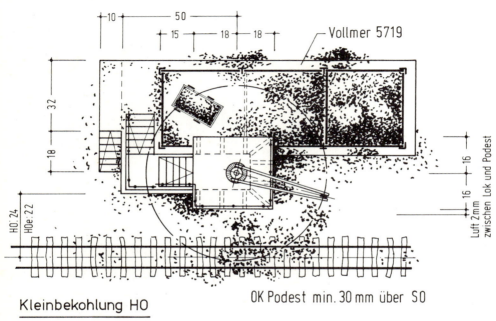

Kleinbekohlung H0

Bild 12

muß unbedingt darauf achten, daß auf der Bühne genügend Platz für das Lokpersonal beim Schwenken des Krans vorhanden ist. Das Geländer wird aus dem Vollmer-Sortiment oder durch ein Eigenbau-Geländer ergänzt. Der Kohlenhunt ist um etwa 3 mm schmäler gemacht worden, was der wirklichen Breite besser entspricht.

Die Bretterwände des Kohlenlagers (Bansen) werden besonders im linken Abschnitt niedriger gemacht: Erstens sieht das origineller aus und zweitens muß der Heizer zum Füllen des Huntes in das Kohlenlager einsteigen können. Die Kohlenhalde nimmt von rechts nach links ab. Gefüllt wird der Bansen über ein Förderband vom Kohlenwagen aus, der auf dem Be-

Die Bekohlungsanlagen

kohlungsgleis steht, oder von einem Gleis auf der Rückseite des Kohlenlagers. Heutzutage würde man auch einen fahrbaren Greiferkran (Buchs-Bagger von Wiking) verwenden.

Echte Lokomotivkohle, die auch reichlich auf dem Boden verstreut wird, und eine Farbgebung mit dem Schmutz eines Dampflok-Bw ergeben eine reizende kleine Bekohlungsanlage. Abbildung 82 auf Seite 79 zeigt ein Anwendungsbeispiel.

Die Bekohlung mit Drehkränen und Kohlenhunten

Die Verwendung von Kohlenhunten ist an die Aufstellung von ortsfesten Drehkränen gebunden. Diese Ausstattung findet man als Hauptbekohlung in kleineren Bw und als Hilfs- oder Notbekohlung in mittleren und größeren Bw. Die Anordnung des Krans ist in Bild 13 dargestellt. Die Größe des Kohlenbansens hängt von der Anzahl der zu versorgenden Lo-

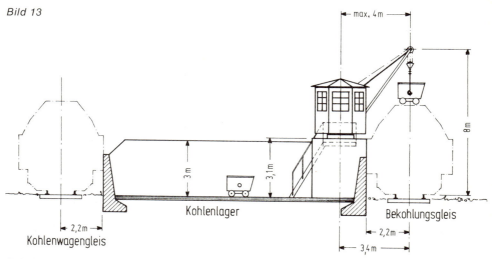

Bild 13

Ortsfester Einheitskohledrehkran

Die Bekohlungsanlagen

komotiven ab bei einer Vorratshaltung für 15–30 Tage. Modellbahner gehen natürlich an die untere Grenze. Ein Kohlenbansen von ca. 6–10 m Breite und der doppelten Länge genügt. Ob die Wände 3 m hoch und aus Beton oder niedriger und aus Mauerwerk (mindestens 24 cm dick, H0: 3 mm) oder aus alten Schwellen zwischen eingerammten I-Profilen (z. B. 2 mm dicke Holstreifen und I 3 x 3) bestehen, ist im Grunde einerlei. Es gibt viele Möglichkeiten der Gestaltung. Als Beispiel soll die Bekohlung in Größe H0 von Kibri gelten.

In kleinen Kohlenlagern laufen die Hunte frei auf Blechen. Meistens sind aber im Bansen Schmalspurgleise (Feldbahngleise) verlegt, deren Spurweite 600 bis 800 mm beträgt. Über kleine Drehscheiben und Stichgleise ist das ganze Lager erreichbar.

Die Gleise sind aus Ms-Profil 1 x 1 mm mit untergelöteten Blechstreifen von 2–3 mm Breite leicht herzustellen. Als Drehscheibe dient wie beim Vorbild eine Blechscheibe, als Drehpunkt ein Nagel oder eine winzige Schraube.

In der Nähe des Krans stehen in der Regel einige volle und leere Kohlehunte. Etwa sechs Stück pro Kran sollten es schon sein.

Der Bekohlungskran, wie er dem Kibri-Bausatz beiliegt, ist sehr reizvoll. Die Ausführung des Sockels in Fachwerkbauweise aus Stahl ist allerdings selten. Für ein Nebenbahn-Bw ist diese Art gerade richtig. In vielen Bw stehen die Kräne auf recht massiven Betonsockeln oder auf einem gemauerten Podest wie in Limburg a. d. Lahn. Unter den vielen Arten kann der

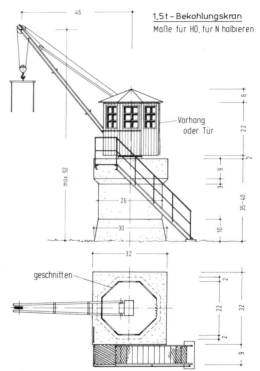

Bild 14

Modellbahner die ihm zusagende aussuchen. Der im Bild 14 dargestellte Einheitsbekohlungskran wird aus dem Kibri- oder dem Vollmer-Kran hergestellt. Das Kranhaus entsteht aus dünnem, gebeiztem Sperrholz, in das die Bretterfugen eingeritzt werden. Die Fenster werden einem Bausatz oder der Bastelkiste entnommen. Sie können auch aus weißem, starken Zeichenkarton mit der Schneidfeder geschnitten werden. Klarsichtfolie wird dann vorsichtig dahintergeklebt. Das Dach entsteht aus Pappe, auf die man feines Schmirgelpapier als Dachpappenimitation aufklebt. Die Treppe in dieser Form wird selber hergestellt. Andere Stahltreppen sind in Stellwerksbausätzen enthalten.

Als einfacher Witterungsschutz genügt ein Dach über dem Kran. Beim Vollmer-Kran ist die Anbringung nicht schwierig. An ein leicht gebogenes Wellblechdach sind an den Ecken Streben aus Winkel 1 x 1 oder Draht 0,7 mm anzulöten. Die Streben werden zur Mitte hin abgebogen und mit der Kransäule verklebt. Eine zusätzliche Klebung am Säulenkopf erhöht die Stabilität.

Der Sockel entsteht aus Holz. Spachtelmasse erzeugt eine betonähnliche Oberfläche. Mauerwerk wird aus Platten ausgesägt und aufgeklebt. Wie gut ein sauber gearbeiteter Einheitskohledrehkran aussehen kann, zeigt Bild 15.

Und nun sagen Sie bitte nicht: Für mein Bw ist ein kleiner Kran zu wenig. Nehmen Sie zwei davon und Sie können am Tag über 150 Tonnen Kohle bunkern. So viele Lokomotiven, wie Sie damit versorgen können, 15 bis 20 Tender- und Schlepptendermaschinen, faßt Ihr Bw ohnehin nicht. Daß bei der Eisenbahn eine Bekohlung von mehr als 100 Tonnen pro Tag we-

Bild 15

gen der Handarbeit unwirtschaftlich ist, soll im Augenblick nicht stören. Entscheidender wäre schon, daß mit einem Kran nur eine große Schlepptendermaschine oder 2 bis 3 Tenderloks je Stunde bekohlt werden können. Trotzdem ist diese Bekohlung für ein mittleres Modellbahn-Bw mit etwa sechs Dampflokomotiven ausreichend. Allerdings sollten es keine großen Schnellzug- und Güterzugmaschinen sein.

Muß es immer ein Bekohlungskran sein?

Der Bekohlungskran fehlt fast in keinem Bausatz. Andere Bekohlungsarten existieren anscheinend nicht. Wer sich jedoch im eigenen

Die Bekohlungsanlagen

wie im Nachbarland etwas umsieht, dem fällt auf, daß es auch Kohlenaufzüge und Sturzbühnenbekohlungen gibt. Bei der letzteren werden vorgegebene Geländeformen ausgenutzt und die Bekohlung in zwei Ebenen aufgeteilt: In der höheren Ebene befinden sich das Kohlenwagengleis, das Kohlenlager und die Kohlenhunte, in der tieferen Ebene ist das Bekohlungsgleis verlegt. Eine solche Situation ist im Bild 16 dargestellt.

Die gefüllten Kohlenhunte werden über eine Holzbühne bis zur Schüttrinne vorgefahren und in diese entleert, von der die Kohle in den Tender fällt. Die Schüttrinne ist im allgemeinen verstellbar. Im dargestellten Beispiel sind die Bühnenpfosten in den Hang einbezogen, der durch eine Mauer abgestützt ist. Der Vorteil dieser Bekohlungsart liegt darin, daß sie ohne irgend einen motorischen Antrieb auskommt. Mitunter werden die beiden Ebenen auch künstlich angelegt: Man senkt das Bekohlungsgleis ab (eine für die Modellbahn ungünstige Lösung), oder man verlegt das Kohlenwagengleis auf einer künstlichen Rampe. Bei der zweiten Ausführung wird die Bühne in Form einer überhängenden Mauerkante ausgeführt, auf der eine oder mehrere Schüttrinnen angebracht sind.

Der abgebildete Vorschlag eignet sich für das Bw einer leistungsfähigen Nebenbahn, wobei

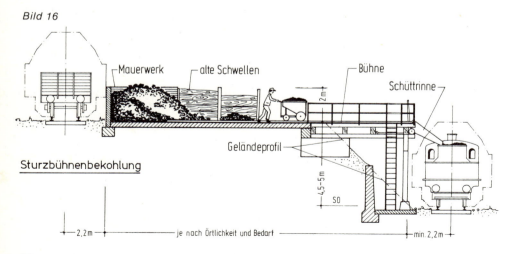

Bild 16

Die Bekohlungsanlagen

die zwei Ebenen sich gut in die meisten Bahnanlagen einfügen lassen.

Als Abart der Sturzbühnenbekohlung kann der im Bild 17 gezeigte Doppelkohlenaufzug bezeichnet werden.

Diese Bauform ist besonders in Österreich verbreitet. Die Kohle wird bei einer derartigen Anlage in Hunte verladen, die über einen Aufzug zur höhergelegenen Bühne gelangen und dort motorisch in die Schüttrinne oder Schurre entleert werden. Das Aufzugsgerüst ist aus Stahlprofilen gefertigt. Ein Dach schützt den Antrieb des Aufzugs. Manchmal ist auch eine Vollverkleidung gegen Witterungseinflüsse angebracht. In Deutschland findet man die in der Abbildung 18 dargestellte abgewandelte Form mit einem Schrägaufzug.

Bild 17

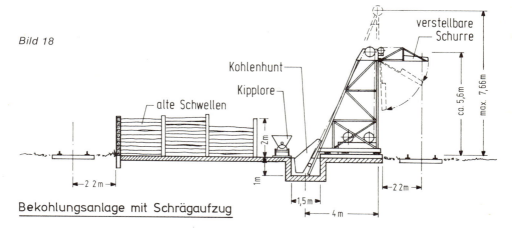

Bild 18

Bekohlungsanlage mit Schrägaufzug

Die Bekohlungsanlagen

Sie unterscheidet sich von der vorherigen Ausführung dadurch, daß die Kohle mittels Kipploren (Feldbahngleis 600 mm) vom Kohlenlager angefahren wird und in den Kohlenhunt (Mulde) des Schrägaufzugs entleert wird. Der Hunt kippt über eine verstellbare Schurre seine Ladung in den Tender der Lokomotive. Neben der abgebildeten niedrigen Bauform ist eine höhere Ausführung vielfach zu finden.

Der Schrägaufzug wird in der Regel nur für wenig anstrengenden oder vorübergehenden Einsatz verwendet. Für den leichten und schnellen Aufbau ist kein Fundament erforderlich.

Bild 19

Auf der Modellbahn ist diese Ausführung nur für ein kleines Bw oder als Hilfsbekohlung geeignet. Das Fachwerk wird aus Messingprofilen gelötet oder geklebt. Die Mulde entsteht aus Blech oder Pappe. Die Kipploren sind im Sortiment von Roco enthalten. Der Bansen wird aus alten Schwellen gefertigt. Auf die Grundschicht der Kohlenhaufen (z. B. schwarz bemaltes Styropor) wird mit Leim zerkleinerte Lokomotivkohle aufgetragen. Das Ganze wird wiederum schmutzig grau-schwarz angestrichen. Bild 19 zeigt ein Detail zur Ausgestaltung.

Alle diese Bekohlungsarten sind wegen des hohen Anteils an Handarbeit beim Bunkern großer Tagesmengen Kohle unwirtschaftlich. Im größeren Bw wird die Kohle in rein maschinellem Betrieb vom Kohlewagen bis zur Lokomotive umgeschlagen. Wir unterscheiden die Bekohlung mit Gleisgreiferdrehkränen und mit Portal- und Brückendrehkränen.

Die Bekohlung mit Greiferdrehkränen

Recht selten sieht man im Modellbahn-Bw den Regelspurgreiferkran, der doch in einem mittleren Bw universell eingesetzt werden kann: Zum Bekohlen, zum Umschlag von Sand, zum Entleeren der Schlackensümpfe und zum Verladen der Lösche. Der elektrische Antrieb wird über ein Kabel gespeist, das zwischen den Schienen verlegt ist und das sich auf einer Kabeltrommel auf dem Fahrgestell aufrollt. Dampfkräne sind zwar beweglicher, werden im Bw aber meist für Reserve und zum Räumen von Lagern vorgehalten.

Die Bekohlungsanlagen

Abbildung 20 zeigt die Anordnung der Gleise und Anlagen bei der Bekohlung über einen Hochbunker zwischen den Bekohlungsgleisen. Daneben liegen das Krangleis und das Kohlenwagengleis.

Werden Lokomotiven anstatt über den Hochbunker durch den Kran direkt bekohlt, müssen Krangleis und Kohlenwagengleis getauscht werden.

Aus der Skizze ist ersichtlich, daß der Platzbedarf bei zwei Bekohlungsgleisen größer ist gegenüber einer Bekohlung mit einem Portal-Greiferdrehkran. Bei der Direktbekohlung kann man ruhig auf ein Bekohlungsgleis ver-

Bild 20

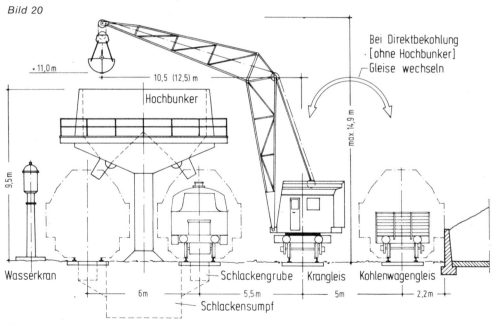

Bekohlung mit Greiferdrehkran und Hochbunker

Die Bekohlungsanlagen

zichten, da mit dem Kran 5 Tenderloks oder 3–4 Schlepptendermaschinen in der Stunde versorgt werden können. Die Breite des Kohlenlagers beträgt 10 m, was auch in der Baugröße H0 mit etwa 10–12 cm zu vertreten ist.

Da der Kran auch zum Leeren der Schlackensümpfe und zum Verladen der Lösche eingesetzt wird, ist bei der Planung die Reihenfolge der Behandlungen streng einzuhalten. Das Krangleis muß an allen Anlagen vorbeigeführt

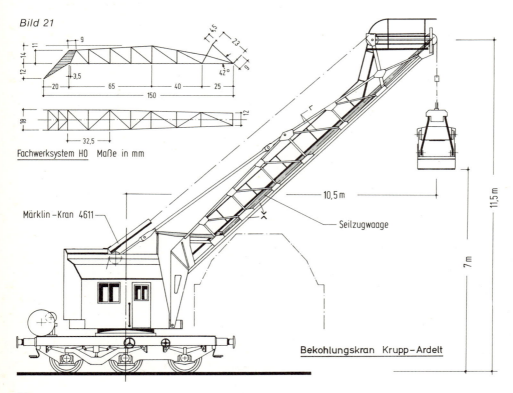

Bild 21

Fachwerksystem H0   Maße in mm

Märklin–Kran 4611

Seilzugwaage

Bekohlungskran Krupp–Ardelt

Die Bekohlungsanlagen

werden. Ein Planungsbeispiel wird weiter hinten aufgezeigt (Seite 82).

Der Kran ist in H0 und Z von Märklin vorhanden. Zwar sind beide Modelle nicht als Bekohlungskräne ausgeführt, sondern als normale Gleisdrehkräne, und der Ausleger des H0-Modells entspricht nicht mehr dem heutigen Fertigungsstandard.

Da aber Fahrwerk und Kranhaus gut gelungen sind, braucht der interessierte Modellbahner lediglich den Ausleger zu fertigen.

In der Abbildung 21 sind die Hauptmaße des Fachwerkauslegers nach Original-Unterlagen der Herstellerfirma Krupp-Ardelt festgehalten. Mit etwas Geschick, Geduld und einer handvoll Messingprofile (kleine Winkel und U-Profile) läßt sich der Ausleger in der typisch abgewinkelten Form nachbauen. Kran und Ausleger werden grün lackiert (Bahndienstfahrzeug). Eine gelbe Farbgebung könnte man sich auch vorstellen.

Bei Kränen, die ohne Zwischenschaltung von Hochbunkern bekohlen, ist meist eine Seilzugwaage (wie in der Abbildung gezeigt) eingebaut, mit der das Gewicht des Greiferinhalts genau festgestellt werden kann. Bei der Ausgabe über einen Hochbunker wird das Gewicht der Kohle mit der Bunkerwaage ermittelt. Bei der Bekohlung über Hochbunker muß der Ausleger des Krans die typische abgewinkelte Form (Bild 20) haben.

Wer geringere Ansprüche an den detaillierten Nachbau eines Vorbildes stellt, kann den Märklin-Kran ohne Veränderung nehmen. Er hat dann einen Bekohlungskran zur Direktbekohlung ohne Seilzugwaage, erkenntlich an der einfacheren Gestaltung des Auslegerkopfes.

Einen Kompromiß stellt das in Bild 22 gezeigte Kranmodell dar. Unter Verzicht auf die Herstellung eines neuen Auslegers wurde versucht, den Ausleger des Märklin-Krans durch die Anbringung der fehlenden Verstrebungen und durch eine andere Gestaltung des Auslegerkopfes umzubauen. Das ist möglich, da die Auslegerform mit der in der Zeichnung (Bild 21) übereinstimmt und lediglich die Länge zu kurz ist. Eine Überprüfung ergab, daß dies fürs Modell keine wesentliche Beeinträchtigung ergibt.

Den Greifer fertigt man aus dünnem Blech oder aus Karton. Bei der Verwendung des Greifers aus der Röwa-Bekohlungsanlage oder des Wiad-Krans wird der Nachbau erleichtert.

Bild 22

Die Bekohlungsanlagen

Die Großbekohlung mit Hochbunker

Für die Verhältnisse auf der Modellbahn ungeeignet ist der Brückenkran, wie er in großen Bw mit hohen Tagesausgaben an Kohlen zu finden ist. Ein Kohlenlager von 20 Meter Breite läßt sich auch in Baugröße N nur schwer nachbilden, zumal fast alle maschinellen Anlagen selbst hergestellt werden müßten. Bleiben also nur zwei Ausführungen: in H0 die Bekohlungsanlage mit dem Vollmer-Hochbunker und einem Vollportal-Greiferdrehkran und in N die Großbekohlungsanlage Würzburg von Arnold. Der Kran für H0 muß im Eigenbau hergestellt werden unter Verwendung handelsüblicher Teile.

Die Bekohlungsanlage von Arnold fällt aus dem Rahmen des Üblichen und wurde auch bei der Bahn in dieser Form nur wenig gebaut. Über einen Schrägaufzug wird die angelieferte Kohle in die Vorratsbunker gefördert und aus diesen seitlich abgezogen. Neben der Kohlenlagerung ist eine umfangreiche Anlage zur Aufbereitung, Trocknung und Lagerung des Bremssandes vorhanden. Der für diese Anlage viel zu kleine Kohlenbansen muß mindestens auf die doppelte Länge gebracht werden, denn für die große Tagesleistung dieser Anlage ist der Kohlenvorrat zu spärlich ausgefallen.

Die H0-Anhänger kommen nicht so leicht zu einer stilechten Großbekohlungsanlage, wie sie Bild 23 zeigt. Mit einem Vollmer-Bunker Nr. 5722 oder zwei nebeneinander angeordneten Bunkern erhält man eine respektable Hochbunkeranlage. Bei der Verwendung von zwei Bunkern wird sich ein Umbau nicht vermeiden lassen, insbesondere, wenn die in der Abbildung dargestellte Anlage nachgebaut wird. Als Bekohlungskran steht nur der Wiad-Brückenkran zur Verfügung. Er ist zwar nicht der Typ des Bekohlungskrans, läßt sich aber verwenden. Daneben bleibt nur der Eigenbau.

Der Röwa-Kran Nr. 5211 mit einer Ausladung von 8 cm (etwa 7 m) ist als Bekohlungskran für eine große Anlage zu klein. Zu dem Kranhaus läßt sich aber ein Ausleger von 12 bis 15 m Ausladung bauen. Ein Gegengewicht hinter dem Kranhaus, wie in Bild 24 zu sehen, verhindert das Kippen des Krans. Soll das Gegengewicht im Kranhaus untergebracht werden, läßt sich ein Umbau oder Neubau des ganzen Krans nicht vermeiden.

Die abgebildete alte Bekohlungsanlage des Bw Crailsheim kann in moderner Form aus zwei Röwa-Bekohlungs-Bausätzen Nr. 5210 gebaut werden. Das eine Portal erhält zwei Bunker, deren Wiegemechanismus auch im Modell angedeutet werden sollte. Aus dem zweiten Portal entsteht durch Kürzung das Portal für den Kran. Zur Versorgung beider Bunker muß auch hier der Ausleger auf die doppelte Länge von 16 cm gebracht werden.

Für ein Bw mittlerer Größe eignet sich die Röwa-Bekohlung. Im Katalog wird sie als Kleinbekohlung bezeichnet, was sie ohne Zweifel nicht ist. Klein ist lediglich das Fassungsvermögen des Bunkers und die Länge des Auslegers, sonst trägt die Bekohlung alle Merkmale einer Großbekohlung. Die Anlage kann so, wie sie geliefert wird, eingesetzt wer-

Die Bekohlungsanlagen

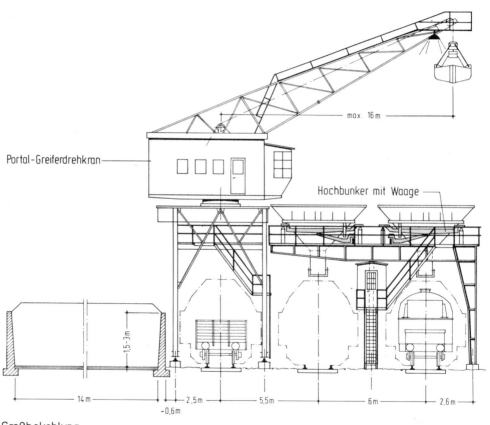

Großbekohlung

Die Bekohlungsanlagen

Bild 24

Bild 25

den. Der Kohlenbansen muß allerdings auf die doppelte Länge gebracht werden. Die einfachste Art ist die Kombination von zwei Kohlenlagern. Die interessantere Ausführung besteht aus einem selbstgefertigten Bansen mit Wänden aus Beton oder Mauerwerk, bei dem der Erweiterungsteil mit alten Schwellen (aus den Teilen des Bausatzes) gebaut wird.

Bleibt zum Schluß nur die Frage, wann ein Kohlenbunker fahrbar sein muß. Sitzen Kran und Bunker auf demselben Portal wie bei der Röwa-Bekohlung, ist die ganze Anlage auf die Länge des Kohlenlagers mit einem Gleis auszustatten. Sind dagegen Kran und Bunker getrennt, reicht es für die Verhältnisse der Modellbahn aus, wenn der Bunker feststeht und allein der Kran verfahrbar ist. Ein fahrbarer Bunker ist nur bei einem sehr langen Kohlenlager und der Bekohlung von vielen Maschinen vorzusehen. Beides ist auf den Anlagen in der Regel nicht zu finden. Wird der Kran auch zur Verladung der Schlacke und der Lösche eingesetzt, muß das Krangleis entsprechend lang verlegt werden.

Auf Bild 25 ist die Großbekohlung auf der Clubanlage des MEC Rendsburg dargestellt. Es ist verständlich, daß Anlagen solchen Ausmaßes den großen Clubanlagen oder Modellbahnanlagen, deren alleiniges Thema das Bw ist, vorbehalten bleiben.

Die Ausschlackanlagen

Nach dem Bekohlen rücken die Lokomotiven zur Ausschlackanlage vor. Im kleinen Bw einer Nebenbahn oder in der Bw-Außenstelle ist die Ausschlackanlage nur in einer sehr vereinfachten Form vorhanden. Eine Ausschlackgrube mit dem daneben angeordneten Löschebansen und dem Wasserkran nach Bild 26 ist schon vorbildlich. Die Grube ist im Zufahrgleis zum Schuppen oder in einem Nebengleis bzw. Ausschlackgleis untergebracht. Für die geringe Anzahl der zu behandelnden Maschinen sind keine größeren Einrichtungen nötig.

Bei manchen Nebenbahnen ist nicht einmal die Ausschlackgrube vorhanden. Es genügt die Untersuchungsgrube im Schuppen. Ausgeschlackt wird im Gleis vor dem Schuppen. Schlacke, Asche und Lösche werden dann auf einen Haufen neben dem Gleis geschaufelt. Für solche einfachen Verhältnisse ist die Kibri-Bekohlung 9434 gedacht, die neben dem Kohlenkran einen kleinen Schlacken- und Löschebansen aufweist.

Die Schlackengruben sind etwa 1–1,3 m tief und ebenso breit. Vier oder fünf Stufen führen auf die Grubensohle hinab. In Wirklichkeit sind die Gruben in der Ausschlackzone mit feuerfesten Steinen ausgekleidet und in der Nähe ist ein Wasseranschluß (Hydrant) vorhanden zum Ablöschen der Schlacke. Im Modell wird die Grube aus Holzleisten oder einem anderen geeigneten Material gefertigt. Eine Auskleidung mit Mauerfolie oder Mauerplatten ist nur in wenigen Fällen auffällig, so daß darauf verzichtet werden kann.

Abbildung 27 zeigt die Ausschlackanlage eines Bw in Baugröße I. Im Vordergrund liegen auf der Riffelblechabdeckung des Schlackensumpfes die Schürgeräte. Hinter dem Wasser-

Bild 27

Bild 26

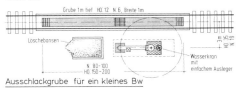

Ausschlackgrube für ein kleines Bw

Die Ausschlackanlagen

kran mit Gelenkausleger (Bild 35, Seite 40) ist die offene Löschegrube erkenntlich. Die als Rutsche aufgeführten schrägen Seitenwände sind typisch für diese Anlagen.

Wenn auch bei kleineren Modellbahn-Maßstäben eine solche Detaillierung nicht möglich ist, soll das Bild Anregungen für die Gestaltung geben.

Bleiben wir bei Ausschlackanlagen mit einem Schlackensumpf. Es ist selbstverständlich, daß diese nur in mittleren und großen Bw anzutreffen sind. Bild 28 zeigt einen auf die Verhältnisse der Modellbahn abgestimmten Vorschlag nach württembergischer Art. Solche Anlagen findet man zum Beispiel im Bw Ulm und im Bw Crailsheim. Er weicht von der DB-Regelausführung ab, ist aber dadurch für den Modellbau besser geeignet. Bei kleineren Anlagen kann die Hälfte davon verwirklicht werden.

Bild 29 zeigt den Querschnitt durch den Schlackensumpf. Auch hier sind über die Länge des abgedeckten Sumpfes die Seitenwände als schräge Rutsche ausgeführt. Dazwischen weist die Grube einen ebenen Boden auf. Übergänge aus Riffelblechen oder Stahlrosten erleichtern den Zugang des Personals zur Lok.

In Abweichung zur Abbildung können die Seitenwände über die ganze Höhe unter einem Winkel von 60° ausgeführt werden, wie bei DB-Anlagen als Regelausführung üblich.

Der Schlackensumpf ist immer abgedeckt, da er mit seiner großen Tiefe und der Wasserfül-

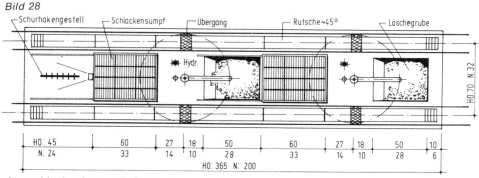

Bild 28

Ausschlackanlage mit Schlackensumpf

Die Ausschlackanlagen

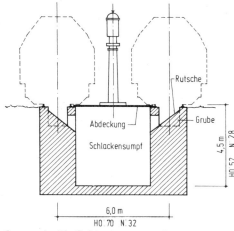

Querschnitt Schlackensumpf

Bild 29

Gleichzeitig mit dem Ausschlacken kann Wasser gefaßt werden. In den Vorschlägen sind Wasserkräne mit einfachen und mit Gelenkauslegern eingezeichnet. Mehr über Wasserkräne und ihren Einsatz sind dem folgenden Kapitel zu entnehmen.

Bei der in Abbildung 28 dargestellten Anlage übernimmt der Bekohlungskran das Verladen der Schlacke und der Lösche in Schlackenwagen, die auf einem besonderen Gleis neben der Ausschlackanlage stehen.

Eine andere Ausführung ist im Bild 30 wiedergegeben, der Querschnitt dazu im Bild 31.

Der Schlackenbockkran stellt eine aufwendige, im Modell aber durchaus reizvolle maschinelle Anlage dar. Im mittleren Bw ist ein Ausschlackgleis, im großen Bw sind zwei Gleise vorhanden. Der Kran reicht bis über das Schlackenwagengleis. Zwischen den Gleisen sind die Löschebansen angeordnet.

Eine Verladung der Schlacke mit einem Schrägaufzug ist ebenfalls möglich. Bei dieser seltenen Anlage wird der Aufzug in die Mitte zwischen die beiden Gleise gesetzt. Entschlackt wird direkt über dem Aufzugkübel.

Bei der im Bild 30 gezeigten Anlage wird direkt in die Schlackenhunte in der Grube entschlackt, die auf einem Gleis – hier auf dem Grubenboden – verfahrbar sind. Nach dem Ablöschen mit Wasser werden die Schlackenhunte mit dem Bockkran in den bereitstehenden Schlackenwagen entleert. Die Wasserkräne stehen wegen den Löschebansen au-

lung eine beträchtliche Unfallgefahr darstellt. Die Abdeckung aus Riffelblech oder Rosten ist nach einer Seite, oft auch nach beiden Seiten verschiebbar, was eine leichte Entleerung des Sumpfes durch den Greiferdrehkran (Gleiskran oder Portalkran) begünstigt. Im Modell genügt eine Verschiebung nach einer Seite.

Die Löschegrube ist immer offen. Ihre Abmessungen sind wesentlich kleiner, da die Rauchkammer in größeren Abständen von der Lösche befreit wird und diese in kleineren Mengen anfällt. Die Gruben sind etwa 5–6 m lang, 2–2,5 m breit und etwa 1 m tief.

Die Ausschlackanlagen

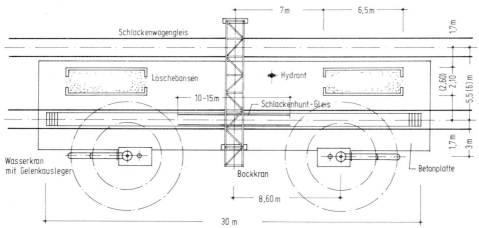

Ausschlackanlage mit Bockkran

Bild 30

Bild 31

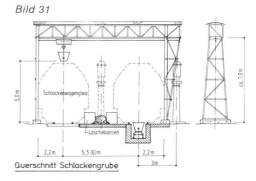

Querschnitt Schlackengrube

ßerhalb des Gleises, bei zwei Ausschlackgleisen dazwischen. In der Abbildung sind Wasserkräne mit Gelenkauslegern dargestellt.

Im Modell kann mit etwas Geschick die Brawa-Signalbrücke (H0) zu einem Schlackenbockkran umgebaut werden, sofern man auf den völligen Selbstbau verzichten will. Die Laufkatze und die Hunte müssen allerdings selbst angefertigt werden.

Beide Ausschlackanlagen stellen die sogenannte kurze Anlage dar: auf 30 m Länge sind Schlackengrube und Löschebansen (Lösche-

Die Ausschlackanlagen

gruben) angeordnet. Die lange Anlage mit nachgeschalteten Löschegruben ist zwar für den Großbetrieb günstiger, weil jede Behandlung einen besonderen Platz hat, für das Modell ist diese Form wegen des großen Platzbedarfes weniger geeignet.

Bei der Verladung der Lösche mit dem Greiferkran werden anstatt Bansen Löschegruben angeordnet, weil beim Verladen die Bansenwände durch den Greifer leicht zerstört werden können.

Damit der Boden in der Umgebung der Ausschlackanlage leicht durch Abspritzen mit Wasser gereinigt werden kann, wird er mit einer Betonplatte, bei älteren Anlagen auch mit Pflastersteinen befestigt.

Bleibt zum Schluß noch die Frage nach der Anzahl der benötigten Schlackengruben offen:

1. Bei der Nebenbahn genügt eine Grube, auf die eventuell noch verzichtet werden kann.

2. Im mittleren Modellbahn-Bw genügt eine Grube nach Bild 30. Ein Schlackenaufzug oder ein Schrägaufzug können vorgesehen werden.

3. Im großen Bw sind jeweils zwei Gruben einzuplanen. Die Verladung erfolgt über einen Bockkran (siehe auch Bild 39 auf Seite 43) oder aus dem Sumpf mittels Greiferdrehkran (Bild 28).

Für die Bekohlung genügt bei mittleren Anlagen ein einziger Bunker, da die Ergänzung der Kohlevorräte nur wenige Minuten dauert. Der Zeitaufwand für das Ausschlacken und das Löscheziehen ist wesentlich größer. Deshalb werden mindestens zwei Gruben gebraucht, die bei entsprechender Länge für die gleichzeitige Behandlung von 4 kurzen Loks ausreichen. Die benötigte Länge im Modell sollte mit den vorhandenen Lokomotiven ermittelt und auf die Platzverhältnisse abgestimmt werden.

Die Schürhaken werden in der Nähe der Ausschlackgrube abgelegt. Sie hängen teilweise an kleinen, hohen Gerüsten aus Rohren oder Winkelstahl, manchmal liegen sie auch auf niedrigen Gestellen oder auf der Abdeckung des Schlackensumpfes. Ist das Gerüst einer Besandungsanlage in der Nähe oder ein Schlackenbockkran vorhanden, sind die Aufhängungen daran befestigt.

Wasserturm und Wasserkran

Beide sind untrennbar miteinander verbunden, sind sie doch markante Zeichen des Bw und des Bahnhofs mit Dampfbetrieb.

Wassertürme sind inzwischen in den beiden wichtigen Baugrößen H0 und N in genügender Anzahl und guter Ausführung vorhanden. Neben dem Wasserturm mit freiliegendem Kugelbehälter (Kibri und Vollmer, beide H0) sind solche mit einem verkleideten Behälter (Kibri und Pola, beide N) und ein Wasserturm auf einem stählernen Fachwerkgerüst erhältlich. Auch die letztgenannte Ausführung ist realistisch, stehen doch Vorbilder in Singen am Hohentwiel und auch anderswo. Als Modell ist dieser Turm in H0 bei Faller, in N bei Arnold zu haben. Ein Wasserturm nach amerikanischem Vorbild, wie ihn Pola anbietet, ist für deutsche Bahnen weniger geeignet. In der Regel besteht auf Grund der großen Auswahl kaum Bedarf an Selbstbau-Wassertürmen, wenn man nicht eine besondere Ausführung im Auge hat.

Alle Türme haben den Nachteil, daß sie zu einem größeren Bw gehören. Das kleine Nebenbahn-Bw hat keinen großen Wasserbedarf. In vielen Nebenbahn-Lokschuppen ist deshalb an einer Ecke das Gebäude turmartig ausgebaut: Der Wasserturm. Er hat eine eckige Form und ist im Aussehen untypisch. Bei bergigem Gelände fehlt er ganz. Ein im Berg liegender Hochbehälter übernimmt die Wasserspeicherung. Diese Lösung bietet sich an, wenn man auf den Wasserturm verzichten will.

Eine andere Lösung zeigen die Bilder 32 und 33. Der Wasserkran von Schiltach ist zur Versorgung von Nebenbahnmaschinen infolge seiner geringen Größe gut geeignet und als Modell leicht herzustellen. Ein Drehteil aus Holz mit Papierstreifen beklebt, auf denen die Nieten aufgezeichnet sind und der Ausleger aus einem Bausatz ergeben ein reizendes Mo-

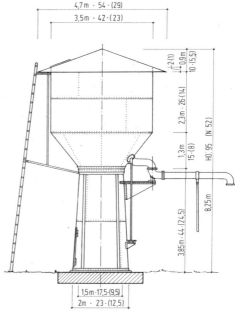

Wasserturm Schiltach

Bild 32

Wasserturm und Wasserkran

Bild 33

sichtbares Ende – die Wasserkräne – große Nennweiten. Der Auslauf hat in der Regel einen lichten Durchmesser von 275 mm, das ist in H0 3 mm und bei N immerhin noch 1,7 mm. Lediglich Wasserkräne bei Nebenbahnen, Schmalspurbahnen und dampfbetriebenen Bergbahnen haben Wasserkräne mit einem kleinen Auslaufrohr.

Die Zubehörfirmen bieten Wasserkräne nach der Einheitsbauart, die aus der preußischen Regelausführung entstanden ist, an. Länderbauarten sind nicht vorhanden und müssen selbst gebaut werden. Die Pola-Bekohlung 561 enthält einen amerikanischen Wasserkran, der infolge seiner Nennweite nur für Nebenbahnen geeignet ist. Man könnte ihn großzügig als Länderbahnbauart ansprechen. Im Bild 34 ist der Pola-Wasserkran mit einem Auslaufschlauch versehen, der ein leichteres Wasserfassen bei tiefliegenden Wassereinfüllstutzen mancher Nebenbahnloks ermöglicht. Daneben ist ein Wasserkran mit Gelenkausleger zu sehen. Dieser Umbauvorschlag soll anregen, aus 2 Vollmer- oder Kibri-Wasserkränen diese Ausführung zu machen, da sie in keinem Sortiment enthalten ist.

Bild 34

dell. Bild 33 gibt einen Hinweis für den Einbau und die Gestaltung des Drumherum.

Der Wasserturm muß nicht sehr hoch sein. Viel wichtiger ist, eine genügende Wassermenge (beim Vorbild 2–10 m^3/min) liefern zu können. Deshalb haben die Rohrleitungen und deren

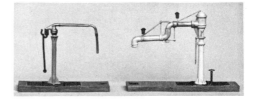

Wasserturm und Wasserkran

Die Ausführung nach Bild 35 muß vereinfacht werden. Das Modell aus 2 Kibri-Wasserkränen 9940 entsteht an einem Abend. Der einfache Ausleger wird dicht am Wassertopf abgesägt. Das abgesägte Ende erwärmt man vorsichtig über einer Flamme und biegt das nun weiche Plastikteil nach oben. Der Ausleger des zweiten Wasserkrans wird nach der Abbildung bearbeitet. Das Gelenk entsteht mit einer Schraube M 1 oder M 1,4. Die in der Zeichnung ersichtliche Führung des Gelenkauslegers wird beim Modell aus zwei gedrehten Messingringen gefertigt, in die Messingdraht von 0,7 mm Dicke genau senkrecht eingeklebt wird. Die waagrechten Führungsstäbe sind aus Splinten zu machen. Da die Schraube Führung und Halterung übernimmt, dienen die Führungsstäbe lediglich als Attrappe. Auf die unten angebrachte Seilrolle zum Verstellen des Auslegers sollte nicht verzichtet werden. Dagegen können die kleinen Führungs- und Umlenkrollen sowie die Bedienungseinrichtung weggelassen werden.

Natürlich muß jetzt auch der Ablauf verlegt werden, was mit zwischengeklebten Teilen von Kunststoffplatten gemacht wird.

Wasserkräne mit Gelenkauslegern sind in der Regel bei Ausschlackanlagen anzuordnen und in Bahnhöfen, in denen schnellfahrende Reisezüge und Güterzüge Wasser fassen müssen. Ermöglichen sie doch mit ihrem großen Schwenkbereich eine schnelle Bedienung, wobei der Lokführer die Öffnung des Wasserkastens nicht so genau ausrichten muß wie bei einem einfachen Ausleger. Trotzdem sind in vielen Bw Wasserkräne mit einfachen Auslegern zu finden.

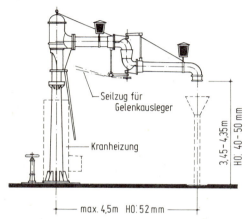

Wasserkran mit Gelenkausleger

Bild 35

Die im Bild 35 gestrichelt angedeutete Ummantelung für die Beheizung des Wasserkrans ist bei einer Aufstellung in stark frostgefährdeten Gebieten anzubringen. Die einfache Form des Frostschutzes ist die Umwicklung des Standrohres mit einem Zopf (Kordel) aus Stroh oder Sisal. Diese Lösung findet man häufig bei Nebenbahnen.

Noch ein Wort zur Anordnung: Im kleinen Bw steht der Wasserkran am Schuppengleis. Bei Durchgangsbahnhöfen ist er auch am Hauptgleis auf jeder Ausfahrseite zu finden.

Wasserturm und Wasserkran

Im größeren Bw sind die Wasserkräne – es sind immer zwei – der Ausschlackanlage zugeordnet, weil Ausschlacken und Wasserfassen sich gegenseitig nicht ausschließen. Zusätzlich findet man noch einen Wasserkran am Ausfahrgleis, damit die Lok nach einer längeren Pause den Wasservorrat ergänzen kann, ohne die Ausschlackanlage aufsuchen zu müssen.

Die Besandungsanlage

Die Triebfahrzeuge sind mit Einrichtungen zum Besanden der Schienen ausgerüstet, damit beim Anfahren, beim Bremsen und in Steigungen die Reibung zwischen Rad und Schiene erhöht werden kann. Der Sandverbrauch hängt ab von der Anzahl der Triebradsätze, den Streckenverhältnissen und der Witterung und beträgt zwischen 8–30 Liter Sand pro Tag und Maschine. Ergänzt wird der Sandvorrat in der Regel nach dem Ausschlacken, bevor die Maschine den Schuppen aufsucht. Der auf Seite 11 erwähnte Ablauf der Behandlungen kann nicht in jedem Falle eingehalten werden – sehr zum Vorteil des planenden Modellbahners –, weil örtliche Verhältnisse Sonderlösungen erfordern. So ist zum Beispiel im Bw Heilbronn ein Besandungsturm, wie ihn Abbildung 38 zeigt, etwa 6 m vor dem Schüttgerüst (Hochbunker) der Bekohlungsanlage aufgestellt.

Wenden wir uns wieder der Modellbahn zu. Größe und Ausführung der Besandungsanlage hängen natürlich auch hier von der Anzahl und Art der zu behandelnden Lokomotiven ab. Bei sehr geringem Sandbedarf in kleinen Bw sind keine besonderen Einrichtungen nötig. Der Sand wird in verwendungsfähigem Zustand in Sandbehältern von einem größeren Bw bezogen oder an Ort und Stelle getrocknet und gesiebt. Die Besandung erfolgt von Hand im Lokschuppen.

Bei größerem Bedarf sind bereits kleine Besandungsanlagen vorhanden nach der Art des Kibri-Modells B 9434 in Baugröße H0. Die Anordnung ist in Bild 86 auf Seite 80 zu sehen.

Bild 36

Eine ähnliche Besandungseinrichtung zeigt Bild 36 im Bw Rheine. Das Modell läßt sich mit geringer Mühe aus Messingprofilen, Blech und Draht nachbauen. Vor allem in der Baugröße N fehlt eine kleine Besandungsanlage.

Alle anderen Besandungstürme gehören ins größere Bw. Bild 37 zeigt das Bw des MEC

Die Besandungsanlage

Bild 37

Bild 39

Stuttgart mit Einheitskohlenkränen (Umbau Vollmer-Modell) und dem Wiad-Besandungsturm. Die Ausführung des Turmes und vor allem des Hochbehälters entspricht der Einheitsbauart zum Besanden von Dampflokomotiven. Eine ähnliche Ausführung mit einem runden Sandbehälter ist unter der Katalognummer 5707 im Vollmer-Sortiment zu finden. Der Behälter kann nach Bild 38 vervollständigt werden (siehe nächste Seite).

Im Bereich der ehemaligen württembergischen Staatsbahnen sind Besandungsanlagen nach Bild 38 anzutreffen. Typisch ist der einseitig auf dem Turmgerüst angeordnete Hochbehälter mit der Plattform zur Wartung der unter der Ablufthaube liegenden Staubfilter. Der Förderbehälter am Fuße der Anlage zwischen Gerüst und Leiter ist in der Zeichnung weggelassen.

Wie der Abbildung zu entnehmen ist, können 2 Lokomotiven über die Teleskoprohre gleichzeitig besandet werden. Das nach rechts fallende Sandrohr endet mit einem Schieber in etwa 1 Meter Höhe. Zur Besandung von Dieseltriebfahrzeugen kann hier Sand entnommen werden. In der Regel hängen daneben zwei Sandschüttgefäße in der Form, wie sie als „Kohlefüller" von der Ofenheizung her bekannt sind.

Abbildung 39 zeigt die Kombination der Besandungsanlage mit dem Schlackenbockkran im Bw Tübingen, die über 3 Gleise reicht. Diese Lösung ist besonders bei Lokomotivbehandlungsanlagen mit geringer Längenentwicklung zu empfehlen.

Die Sandaufbereitungs- und Trocknungsanlagen sind in einem Gebäude untergebracht. Der Sand wird mit Druckluft über unterirdisch ver-

Die Besandungsanlage

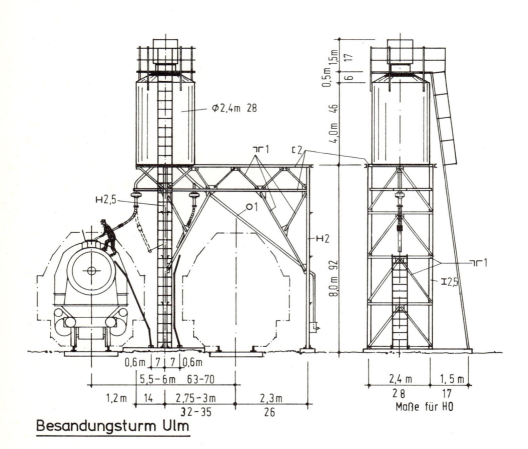

Besandungsturm Ulm

Bild 38

Die Besandungsanlage

legte Rohrleitungen in den Hochbehälter geblasen. In Bild 37 ist das Vollmer-Gleiswagenhaus 5721 zur Aufbereitungsanlage umfunktioniert worden. Bei größerem Bw empfiehlt es sich, größere Bw-Gebäude dafür vorzusehen (z. B. Vollmer-Werkhalle 5603, Fabrikgebäude 5610 oder Maschinenhalle 5612, Pola B 513). Wird der amerikanische Wasserturm B 817 von Pola deutschen Vorbildern angepaßt, eignet sich das Sockelgebäude vorzüglich zur Aufnahme der Sandaufbereitungsanlage. Gegebenenfalls wird der Wasserbehälter auf ein Fachwerkgerüst gestellt – ähnlich dem Faller-Wasserturm – und das Gebäude wird allein verwendet.

Die Pola-Besandungsanlage für Dampfloks (H0: B 816, N: B 247) nach einem amerikanischen Vorbild ist gut gelungen, aber das hölzerne Gerüst für den Sand-Hochbehälter wie die Größe des offenen Sandlagers sind für deutsche Verhältnisse ungewöhnlich. Das große Sandlager erklärt sich aus den Gepflogenheiten des US-Lokpersonals, öfters und stärker als ihre deutschen Kollegen zu sanden. Hinzu kommt noch die Bespannung der Züge in Doppel- oder Dreifachtraktion.

Das Sandlager läßt sich leicht in einen Kohlenbansen umbauen. Neben einer Alterung der Anlage braucht man nur den besandeten Einsatz mit (schwarz gefärbtem) Leim einzustreichen und dann zerkleinerte Lokomotivkohle aufzustreuen. Den Kohlenkran setzt man auf einen Betonsockel oder ein gemauertes Podest (vergl. Bild 14 auf Seite 22) entsprechender Höhe so vor das Kohlenlager, daß seine Vorderkante mit der des Gerüstes fluchtet.

Man erhält auf diese Weise eine Bekohlungsanlage für eine Privatbahn. Der Besandungsturm kann in diesem Falle unverändert bleiben. Der Sand wird im Schuppen getrocknet und von dort zum Hochbehälter gefördert. Außerdem dient der Schuppen als Öllager und der Aufbewahrung von Geräten. Aus welcher Richtung die Anlage angefahren wird, ist belanglos. Die Besandung kann vor der Bekohlung erfolgen, sie kann ebenso zwischen Kohlefassen und Ausschlacken liegen.

Wie bereits erwähnt, müssen in Baugröße N kleinere Besandungsanlagen selbst gebaut werden. Lediglich für ein großes Bw bietet Arnold als Bestandteil der Großbekohlung 0634 „Würzburg" eine Besandungsanlage an. Auch die Aufbereitungsanlage ist in diesem Gebäude eingebaut.

Alle vorgestellten Anlagen sind zum Besanden von Dampflokomotiven mit ihren hochliegenden Sandbehältern eingerichtet. Bei Diesel- und elektrischen Triebfahrzeugen sind die Sandkästen in Höhe der Achslager angeordnet. Die Teleskoprohre zum Einfüllen des Sandes werden mit Schläuchen verlängert bis auf die Höhe der Einfüllöffnungen. Fehlt der Besandungsturm im Ellok-Bw, wird der Sandvorrat mit Schippe und Sandfüller ergänzt. Steht das Turmgerüst für den Trockensand-Hochbehälter über dem Gleis, ist seine Höhe mit Rücksicht auf den Fahrdraht erheblich zu erhöhen. Das Stahlgerüst selber ist zu erden.

Die Öltankanlagen

Unter Öltankanlagen versteht man Einrichtungen zum Betanken ölgefeuerter Dampfloks mit schwerem Heizöl und Anlagen zur Versorgung von Dieseltriebfahrzeugen mit Dieselkraftstoff und leichtem Heizöl. Finden wir die zuletzt genannten Anlagen heute fast überall, sind die Öltankeinrichtungen für die Dampfloks auf einige Bw vorwiegend in Norddeutschland beschränkt. Modelle ölgefeuerter Loks und Umbausätze in den Baugrößen H0 und N sind seit einiger Zeit auf dem Markt und rechtfertigen damit einen kurzen Überblick über die Einrichtungen zum Betanken der Maschinen.

Der Ölkran

Der Öltender kann auf zwei Arten gefüllt werden:

1. Über einen Ölkran (Hochständer) im freien Fall in die Einfüllöffnungen auf der Tenderoberseite.
2. Über einen Schlauch und einen Füllstutzen an der Tenderrückwand.

Von der Betankung über einen Ölkran ist man dazu übergegangen, über den Schlauchanschluß das Öl einzufüllen. Für die Modellbahn ist die ältere Betankungsart interessanter, weil der Ölkran mehr auffällt.

Der Ölkran (Bild 40) ist ähnlich einem Wasserkran ausgebildet. Sein Standrohr ist beheizt, damit das dickflüssige, schwere Heizöl die für den Pumpvorgang nötige Fließeigenschaft erhält. Der Ausleger ist in der Höhe und zur Seite hin schwenkbar. Ein Gegengewicht hält den

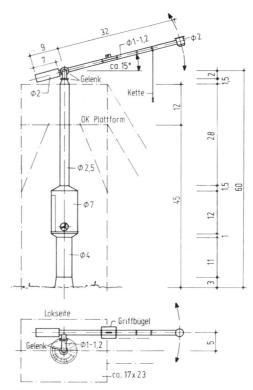

Ölkran Osnabrück   H0-Maße für N halbieren

Bild 40

Die Öltankanlagen

Bild 41

Ausleger in Ruhestellung leicht nach oben geneigt. In der Tanksäule ist als Meßeinrichtung ein Ölzähler eingebaut. Die Pumpen sitzen in einem kleinen Gebäude (Schuppen) in der Nähe. Unterirdisch verlegte Leitungen führen vom Öllager über die Pumpenstation zum Ölkran.

Bei der in Bild 41 gezeigten Situation des Bw Osnabrück ist um den Ölkran herum eine Plattform gebaut, mit der die Arbeit des Tankwartes und die Überwachung des Füllvorganges erleichtert wird. Ölkran, Plattform und Treppe müssen selbst hergestellt werden. Bedienungsstand samt Treppe lassen sich aus Teilen verschiedener Bausätze anfertigen. Der Ölkran entsteht aus Messingrohren und Draht.

Eine wesentlich bescheidenere, aber modernere Öltankanlage ist im Bw Rheine anzutreffen. Sie entspricht ungefähr den Anlagen zum Betanken von Diesellokomotiven. Der Schlauch wird über eine Kupplung an den Einfüllstutzen angeschlossen. Auf der Tenderseite wie auf der Schlauchseite schützen Kugelventile vor versehentlichem Auslaufen des Heizöls. Zur Erleichterung des Anschließens hängt der Schlauch an einem drehbaren Galgen aus Rohren, der nach dem Tankvorgang zur Seite geschwenkt wird. Der Schlauch selber liegt in einer Ablaufrinne.

Der Ölpegel wird von einem Beobachtungsstand auf der gegenüberliegenden Seite aus beobachtet, wie das Schaubild 42 zeigt.

Wer auf den Selbstbau eines Ölkrans verzichten möchte, hat in Baugröße H0 die Möglichkeit, einen Ölkran nach amerikanischem Vorbild bei der Firma Old Pullmann in Stäfa/Schweiz zu kaufen (siehe auch Modellverzeichnis auf Seite 101).

Bild 42

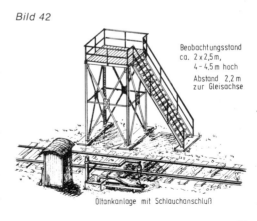

Beobachtungsstand ca. 2 x 2,5 m, 4 - 4,5 m hoch
Abstand 2,2 m zur Gleisachse

Öltankanlage mit Schlauchanschluß

Die Öltankanlagen

Wie bereits bekannt, entfällt bei ölgefeuerten Dampflokomotiven das Ausschlacken und das Löscheziehen. Die Loks nehmen nach der Ergänzung des Ölvorrates lediglich Wasser und Sand und sind dann bereits wieder betriebsbereit.

Bei der Einplanung einer Öltankanlage im Bw ist deshalb ein geeigneter Standort zu wählen. Ist ein besonderes Tankgleis nicht zu verwirklichen, könnte der Ölkran in der Nähe der Dieseltankstelle aufgestellt werden. Dabei ist darauf zu achten, daß die Loks anschließend ohne große Rangierbewegungen Sand und Wasser nehmen können.

Als weiterer Standort ist die Aufstellung an einem Bekohlungsgleis in der Nähe des Schüttgerüstes (Hochbunker) möglich. Dabei ist die Wahl der Gleisseite ohne Bedeutung, weil auf beiden Tenderseiten Anschlußstutzen und Einfüllöffnungen vorhanden sind. Die Ausschlackanlage wird umfahren. Am Umfahrgleis ist dann eventuell noch ein Wasserkran und eine kleine Besandungsanlage nach Bild 36 oder aus dem Kibri-Bausatz aufzustellen.

Die Lagertanks für das schwere Heizöl können mit dem Vorratsbehälter für Dieselkraftstoff und leichtes Heizöl zu einem gemeinsamen Öllager zusammengefaßt werden. Es sind freistehende Tanks zu bevorzugen, da sie in Anschaffung und Unterhalt billiger sind. Bei der Deutschen Bundesbahn werden folgende zylindrische Tanks verwendet:

1. mit gewölbtem Boden, liegend, bis 100 m^3 Inhalt,
2. mit gewölbtem Boden, stehend auf 3 Füßen, bis 50 m^3 Inhalt,
3. stehend auf einem flachen Boden mit gewölbtem Deckel (Flachbodentanks) bis 70 m^3 Inhalt.

Die liegenden Tanks werden auf Sattelfüßen aus Stahl oder Beton aufgestellt, die stehenden werden auf ein Betonfundament gesetzt.

Das Zubehör der Firma Kibri und Vollmer bietet eine Auswahl geeigneter Tanks, die nach Belieben kombiniert und bei Bedarf umgebaut und ergänzt werden können. Fehlt dagegen der Platz für ein Lager, hilft die Ausrede der im Boden vergrabenen Erdtanks, wie es bei älteren Anlagen üblich war.

Flachbodentanks (Kibri 9440, 9802, 9806, 9808, Vollmer 5525 und 5526) werden zu größeren Lagern zusammengefaßt. Es ist ein Auffangraum herzustellen aus einer ölundurchlässigen Wand oder durch Aufschütten eines Erdwalls, wobei der Erdwall durch die Böschung mehr Platz beansprucht als die Mauer. Für den Anschluß ist ein Kesselwagengleis mit dem Anschluß an die Fülleitung vorzusehen. Die Pumpen und die sonstigen Aggregate sind in einer Pumpenzentrale in der Nähe untergebracht (z. B. Kesselhaus aus Bausatz Vollmer 5602).

Liegende Tanks, die auch zusätzlich zu den Flachbodentanks vorhanden sein können, haben in der Regel einen Inhalt zwischen 5000 l (5 m^3) und 50 000 l (50 m^3). Tanks mit 100 m^3 sind selten. Diese liegenden Behälter sind nicht nur

Die Öltankanlagen

im Bw, sondern auch auf vielen Bahnhöfen zu finden.

Die Dieseltankstelle

Für einen geringen Verbrauch an Dieselöl genügt eine kleine Tankstelle mit etwa 5000 l Inhalt nach Bild 43. Das Vorbild steht in Dörzbach (Museumsbahn Möckmühl-Dörzbach, 750 mm) und genügt dem Bedarf der beiden Schmalspurdiesellloks und für den Triebwagen. Dieselbe Anlage findet man auf Bahnhöfen mit einer Kleinlok (Brawa, Günter, M+F). Die Zapfsäule kann je nach Lieferant und Baujahr andere Abmessungen haben und statt grau weinrot lackiert sein. Die Freiheit der Gestaltung ist hierbei groß.

Für einen größeren Kraftstoffverbrauch eignet sich in H0 die 30 000-l-Tankstelle (Kibri B 9430) nach einem Vorbild bei einer privaten Nebenbahn. Die Behältergröße reicht aus für die Versorgung des ganzen Triebwagen- und Lokomotivparkes dieser Bahn. Auf der Modellbahn können damit die Schienenbusse, die V 60 und die V 100 betankt werden, sofern sie nur jeweils in geringer Stückzahl vorhanden sind. Die Tankstelle steht an einem Neben- oder Abstellgleis im Bahnhof oder am Tankgleis im Bw.

Zur Versorgung eines umfangreichen Diesellokbestandes bzw. einer großen Anzahl von Triebwagen sind Behälter von 50 000 l Inhalt aufzustellen oder größere Einheiten durch die Zusammenfassung mehrerer Kessel zu Zweier- und Dreiergruppen (z. B. Vollmer 5518–5520). Der in Abbildung 44 vorgestellte Tank entstand aus 2 Kibri-Bausätzen 9430, wobei ein Kesselschuß weggelassen wurde. Beim Umbau ist darauf zu achten, daß der Behälter auf nur zwei Sattelfüßen liegt. Die anderen sind zu entfernen. Die Löcher werden mit Stabilit-Expreß geschlossen und anschließend verschliffen. Als Lackierung sind alle Farbtöne von einem hellen Maschinengrau über Silber bis zu einem stumpfen Weiß möglich. Im Bild 44 ist zum Vergleich die oben angeführte kleine Tankstelle mit abgebildet.

Bild 43

Dieseltankstelle Dörzbach
Maße für H0 in mm
für N: halbieren, für 0: verdoppeln

Bild 44

Die Öltankanlagen

Werden mehrere Tanks an verschiedenen Gleisabschnitten verwendet, steht immer eine Zapfsäule dabei. Die Tanks können dabei unterschiedliche Größen aufweisen, z. B. ist der eine zur Lagerung von Heizöl und der andere für Dieselkraftstoff bestimmt.

Bei der Verwendung der Vollmer-Tanks 5518–5520 gewinnen die Modelle an Echtheit, wenn die Leitungen etwas zierlicher aus gebogenem Rundmaterial gefertigt und auf den Kesseln Bedienungsbühnen und Kesseldome angebracht werden. Die Bühnen sind dem Bausatz 5525 Hydrierwerk zu entnehmen.

Bild 45

Die in der Form etwas ungewöhnliche Dieseltankstelle B 145 von Faller bedarf ebenfalls einer Überarbeitung, wobei auch hier zierlichere Leitungen und eine farbliche Nachbehandlung von Vorteil sind. Als einzige Dieseltankstelle in H0 weist die Faller-Tankstelle ein Schutzdach über der Tanksäule auf. Nach Art und Größe ist sie einem kleineren Bw zuzuordnen.

Die einzige Dieseltankstelle für die Baugröße N ist bei Kibri (B 7430) zu finden. Das Modell stellt eine Anlage respektabler Größe dar mit zwei 100 m³-Tanks. Diese Anlage reicht auch für ein großes Diesel-Bw. Für das mittlere Bw genügt ein Tank, der andere kann als Heizölbehälter verwendet werden. Bei der Verwendung in kleinen Bw sollte man einen Kesselschuß heraussägen und ebenfalls nur einen Tank verwenden. Die Tankstelle ist dann ähnlich zu gestalten wie das H0-Modell 9430.

Die einzeln stehenden Tanks genügen in den meisten Fällen dem Bedarf. Lediglich bei einem großen Bestand an Dieseltriebfahrzeugen ist eine Tankanlage mit mehreren Zapfsäulen vorzusehen. Ein Beispiel gibt Bild 45 von der Anlage Tappert in Ansbach. Neben dem Lager für Heizöl und Dieselkraftstoff und der Pumpenstation ist das Tankgleis mit insgesamt 6 Zapfsäulen und einer Bude für den Tankwart angeordnet. Es ist verständlich, daß bei dieser Anlage die Zapfsäulen nicht vor den Tanks stehen können. Die Leitungen zur Pumpenstation sind frei verlegt, von dort zur Tankstelle werden die Rohre im Boden, bzw. in einem Rohrkanal geführt. Die nicht überdachte Tankstelle ist durchaus realistisch. In manchen Fällen ist jedoch zum Schutz gegen Wind und Wetter ein Schutzdach oder eine Schutzhütte vorhanden. Auf Bild 46 ist ein auf 3 Seiten geschlossenes und verglastes Haus zu sehen. Die Länge beträgt etwa 5 m, die Breite etwa 2,50 m und die Höhe ist mit 2,5 m auf der Glasseite und mit 2,00 m an der Traufe anzusetzen.

Die Öltankanlagen

Bild 46

Bild 47

Auf keinen Fall darf die betonierte Auffangfläche vergessen werden, die verschüttetes Öl und ölverschmutztes Regenwasser zum Schutz der Gewässer über einen Ablauf dem Ölabscheider zuführt. Die Schienen liegen auf quadratischen Betonsockeln. Ein Bretter- oder Gitterrost wie im Bild 45 kann verlegt werden. Bei der Kibri-Tankstelle H0 wird das Gleis durch die Auffangfläche hindurchgelegt. Diese einfache Verlegart wird verbessert, indem man die Schwellen auf beiden Seiten der Schienen so absägt, daß quadratische Sockel entstehen. Mit einer Leiste oder einem Kunststoffstab wird dann die Umfassungswand geschlossen. Der Ablauf ist bereits vorhanden.

Auffangflächen sind vorzusehen, wenn Tankstellen an besonderen Tankgleisen gebaut werden. Wo Dieseltriebfahrzeuge die Dampfloks inzwischen ganz verdrängt haben, wurden die Tanksäulen an den Untersuchungs- bzw. Ausschlackgruben aufgestellt. Die betonierte Bodenplatte und die bereits vorhandenen Abflüsse verringern die Anlagekosten (Bild 47).

Damit sind die im Bw unbedingt nötigen Behandlungsanlagen aufgezeigt. Darüber hinaus sind Einrichtungen vorhanden, die in der Regel weniger bekannt sind, die aber zum Bw, vor allem zum mittleren und großen Bw gehören. Zu diesen weniger ins Auge fallenden Einrichtungen gehören Ausblasgerüste, Überladekräne und Hebeböcke, Lager, Schuppen und vieles andere mehr, die wir unter der Bezeichnung „Sonstige Einrichtungen" zusammenfassen wollen.

Sonstige Einrichtungen

Das Rohrblasgerüst
Von Zeit zu Zeit müssen die Kesselrohre durch Ausblasen mit Druckluft von Ruß und sonstigen Ablagerungen befreit werden. Jeder Ansatz auf der Rohrwand vermindert den Wärmeübergang und senkt damit den Wirkungsgrad des Dampfkessels. Zum Ausblasen der Rohre sind in den größeren Bw sogenannte Rohrblasgerüste vorhanden, die an das Druckluftnetz des Bahnbetriebswerkes angeschlossen sind. Mit einer Rohrlanze und einem Druck von etwa 10 Atmosphären werden die Rohre von der Rauchkammer aus gegen die Feuerbüchse hin gereinigt.

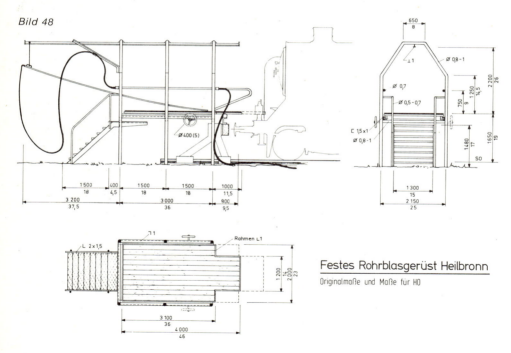

Bild 48

Festes Rohrblasgerüst Heilbronn
Originalmaße und Maße für H0

Sonstige Einrichtungen

Das Rohrblasen gehört zu den Fristarbeiten und nimmt einige Zeit in Anspruch. Deshalb sind die Rohrblasgerüste meist fest an einem Aufstellgleis angeordnet. Im selben Gleis kann auch eine Untersuchungsgrube vorhanden sein. Die abseitige Lage, wie sie aus den Bildern 76 und 77 (Seite 74 und 75, Positionen 9 und 28) hervorgeht, ist verständlich, da eine Einbindung in den normalen Behandlungsablauf erheblich stören, ja ihn zeitweilig ganz zum Erliegen bringen würde. Die Abbildung 48 gibt die vermaßte Skizze des inzwischen demontierten, feststehenden Rohrblasgerüstes im Bw Heilbronn wieder. Den Zusammenbau zeigt die Perspektive in Bild 49.

Für die Herstellung des Modells benötigt man verschieden dicken Draht, ein dünnes Messingrohr von maximal 1,0 mm Außendurchmesser, einige Messingprofile und dünnes Sperrholz. Die Portalrahmen werden nach den Zeichnungen gebogen, die Verstrebungen lötet man ein. Die Arbeitsbühne wird aus 1 mm dickem Sperrholz ausgesägt und mit Bretterfugen versehen. Anschließend wird die Bühne mit dunkelbrauner Beize eingefärbt. Als Preßluftschlauch eignet sich gut ein dünnes Kabel, das man an die Preßluftleitung und an die Blaslanze aus 0,7 mm dickem Draht anlötet.

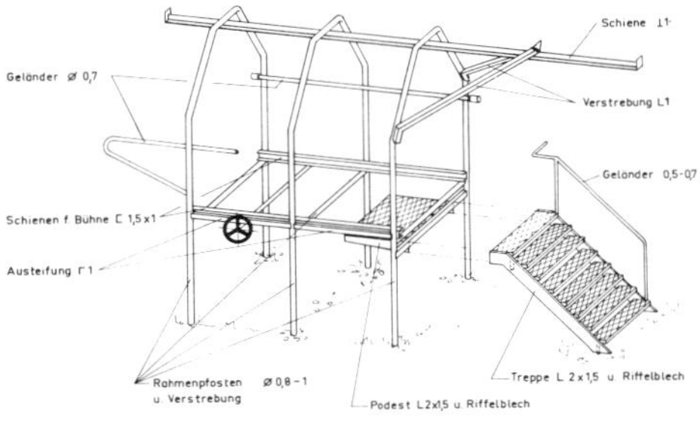

Einige Geschicklichkeit erfordert die Anfertigung der Treppe für das Gerüst. Leichter geht es, wenn man eine Treppe aus einem Bausatz verwendet oder eine geeignete Schiffstreppe aus dem einschlägigen Fachhandel. Ein Druckknopf von 5 mm Durchmesser ergibt das Handrad. Zum Ausfahren der Bühne befestigt man an der Unterseite 4 überstehende Drahtstücke von ca. 1 mm Dicke. Sie greifen auf beiden Seiten in die Führungsschienen aus U-Profilen 1,5 x 1 mm ein und sorgen für die Geradhaltung der Bühne. Außerdem muß auf dem Prellbock eine Unterstützung aus einem U-Profil mit darauf gelagerten Rollen (Rundprofil 1–1,5 mm Durchmesser) angebracht werden, damit die Auskragung der Bühne nicht zu groß wird.

Das Modell erhält einen Anstrich aus Grau und Schwarz, vermischt mit Rostbraun, die Bretter der Bühne werden mit Zigarettenasche verwittert.

Die Einbausituation gibt Bild 50 wieder. Eine 64er wird gerade ausgeblasen. Die geöffnete Rauchkammertür entstammt einem zweiten Gehäuse, die Lok selber ist eine nicht mehr einsatzfähige Baureihe 64 von Gützold, die ihre letzte Aufgabe „Ausblas-Modell" gefun-

Bild 49

Sonstige Einrichtungen

Bild 50

Bild 51

den hat. Dem Bahnbediensteten (Sortiment Preiser und Merten) wurden über einer Kerze die Arme so zurechtgebogen, daß seine Hände die Blaslanze umfassen können. Beim Erwärmen der Plastikfigürchen ist Vorsicht walten zu lassen, weil eine zu große Hitze das Material zusammenschmelzen läßt. Besser ist, die Figur im großen Abstand von der Flammenspitze unter leichtem Drehen zu erwärmen. Eine andere Methode ist das vorsichtige Abtrennen der Arme mit dem Messer und das Ankleben in der gewünschten Haltung.

Ein feststehendes Blasgerüst hat den Nachteil, daß die Lok anschließend das Gleis wieder verlassen muß. Das ist nicht nötig bei der Verwendung eines fahrbaren Rohrblasgerüstes nach Bild 51. Hier werden die Lokomotiven mit der Rauchkammer zur Drehscheibe aufgestellt, und das Blasgerüst wechselt von Lok zu Lok. Der Schlauch wird je nach Standort an entsprechenden Druckluftentnahmestellen angeschlossen.

Zum Bau dieses Modells eignen sich Minitrix-Radsätze bzw. Radsätze der Spur Z (Märklin). Zu den bereits genannten Materialien kommt noch ein Bronzeblech von 0,2–0,3 mm Dicke, aus dem das Regendach gewölbt wird. Die Leiter entnimmt man einem Bausatz. Gerade dieses Modell eignet sich gut für mittlere Bahnbetriebswerke, weil man auf ein besonderes Aufstellgleis mit dem festen Blasgerüst verzichten kann. Wird es nicht gebraucht, steht das Blasgerüst auf irgend einem Gleisstummel.

Überladekran und Hebeböcke

Zum Ausbau von Aggregaten und zum Abladen von Radsätzen und anderen schweren Ersatzteilen sind Bockkräne der verschiedenen Ausführungen in den Bw zu finden. Hebeböcke dienen dem Anheben des Lokomotiv- oder Wagenkastens beim Austausch von Getrieben, Drehgestellen und Radsätzen. Die Achssenken, die in großen Bw ebenfalls vorhanden sind, liegen in der Halle. Im Modell kann auf die Nachbildung verzichtet werden.

Sonstige Einrichtungen

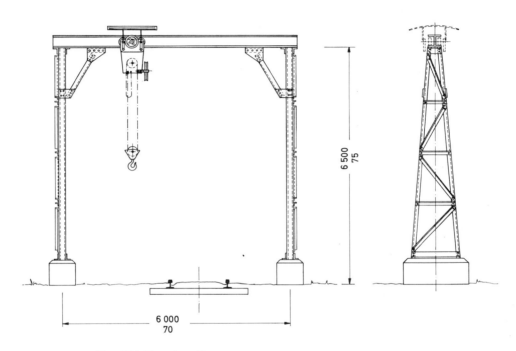

Bockkran für 10t Tragkraft   Originalmaße / Modellmaße für H0

Bild 52

Bleiben wir zunächst beim Bw-Bockkran. Bild 52 zeigt den Bockkran aus dem Bw Weissach der Württembergischen Nebenbahnen AG. Der Flaschenzug wird von Hand bedient. Im Modell kann natürlich auch eine elektrische Laufkatze nachgebildet werden.

Das Modell ist mit wenigen Handgriffen herzustellen, weil die Maße des Bockkrans mit denen des Portals der Kibri-Besandungsanlage aus dem Bausatz B 9434 identisch sind. Lediglich

Sonstige Einrichtungen

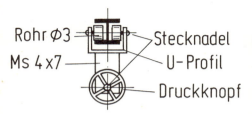

Laufkatze im Modell (HO)

Bild 53

Bild 55

der Flaschenzug (Bild 53), bzw. die Laufkatze ist anzufertigen. In Bild 54 ist die Anwendung in einem kleinen Bw dargestellt.

Eine Ausführung für größere Tragfähigkeit zeigt die Abbildung 55 aus dem Bw Tübingen. Solche und ähnliche Kräne findet man überall.

Bild 54

Die Modelle werden aus Messing- oder Kunststoffprofilen gefertigt. Ein sklavischer Nachbau irgendeines Vorbildes erübrigt sich, da es viele Variationsmöglichkeiten gibt. Als Krankette eignet sich gut eine kleine, zierliche Halskette für wenig Geld aus dem Kaufhaus.

Zum Austausch defekter Radsätze benötigt man eine Achssenke, und wo nicht vorhanden, Spindelhebeböcke. Manchmal findet man auch beide Einrichtungen zusammen. Für Dieseltriebfahrzeuge werden Senken nicht mehr eingebaut, doch können vorhandene benutzt werden. Bei der Einrichtung neuer Mutter-Bw werden elektromotorisch angetriebene Spindelhebeböcke vorgesehen.

Die modernen Hebeböcke (Hebewinden) mit Querträger oder mit Ausleger sind in den Ausbesserungshallen der Bw fest montiert. Eine ältere Bauart mit Querträger und Muskelantrieb ist in Bild 56 für den Modellbau dargestellt. Diese Ausführung findet man heute noch in kleinen Bw, vor allem bei den Nebenbahnen.

Sonstige Einrichtungen

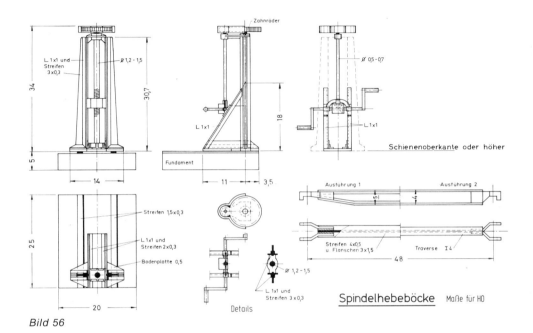

Bild 56

Diese Bahnbetriebswerke sind oft Mutter-Bw der betreffenden Bahnverwaltung und müssen deshalb mit Hebewinden ausgestattet sein.

In den Bw der DB werden diese handbetriebenen Winden auch zum Wechseln von Wagenradsätzen z. B. bei Heißläufern verwendet. Der Wagenkasten wird mit dem Querträger angehoben, der Radsatz kann nach unten entnommen und gegen einen neuen ausgetauscht werden. Das Bild 57 zeigt das nach den Plänen gebaute Modell.

Eine Anregung für das Modellbahn-Bw wird in Bild 58 vorgestellt. Die Museumslok 99 604 (Bauart Meyer, 750 mm) wird vom Transportwagen mittels 4 Spindelhebeböcken gehievt, da anscheinend eine andere Verladeeinrich-

Sonstige Einrichtungen

Bild 57

Bild 58

tung nicht zur Verfügung steht. Wenn man sich die Mühe macht und 4 Hebeböcke baut, ist das Motiv mit einer Zillertalbahn-Lokomotive (Liliput Schmalspur H0e) und einem Tieflader (verschiedene H0-Hersteller) leicht nachzubilden. Das ergibt nicht nur für die Freunde eines Modellbahn-Lokmuseums ein reizendes Detail.

In Plan 76 auf Seite 74 sind Kran und Hebeböcke an Gleis 18 neben dem Diesellokschuppen 45 angeordnet (Position 32 und 33). Der Austausch von Wagenradsätzen geschieht im Freien. Zum Transport der Radsätze benützt die Bahn Spezialwagen. Eine Ausführung wird auf Seite 96 vorgestellt.

Lager, Schuppen und sonstige Gebäude

Jedes Bahnbetriebswerk weist neben den Lokschuppen und den Wagenhallen eine Vielzahl meist kleinerer Gebäude auf, die nach und nach erstellt worden sind. Diese Schuppen, Buden oder Backsteingebäude gehören auch im Modell zur Atmosphäre eines Bahnbetriebswerkes. Im schon mehrmals angesprochenen Plan 76 wurde versucht, diese Forderung zu erfüllen mit den Hochbauten der Positionen 41, 42 und 48–52. Sie stellen nur eine kleine Auswahl dar, aber bereits im Gleisplan ist die Belebung zu spüren. Daß daneben noch allerhand „Sachen" herumliegen, ist wohl selbstverständlich. Die Bilder 59 bis 61 geben einen kleinen Einblick. Auf keinen Fall dürfen vergessen werden die Lager für

1. Ölfässer
2. Puffer und Federn für Loks und Wagen
3. Radsätze
4. Schrott, sonstige Abfälle und Schmiedekohle.

Bild 59
Bild 60

Bild 61 ▶

Lager, Schuppen und sonstige Gebäude

Wieviel davon verwirklicht werden kann, und der Umfang des jeweiligen Lagers hängt natürlich von der Größe des Bw ab. Beim Klein-Bw stehen oder liegen einige Fässer (Kibri) in einer Ecke, in einer anderen liegen Federn und Puffer, daneben vielleicht noch Schwellen und nicht weit davon lagern die Radsätze. Diese sind natürlich angerostet (helle Rostfarbe), oder tragen, sofern sie ganz neu sind, einen blauen oder durchsichtigen, halbmatten Schutzlack. Eine entsprechende Farbgebung ist auch fürs Modell zu empfehlen.

Im mittleren und größeren Bw sind diese Lager umfangreicher, wobei die glaubwürdige Größe jeder selber finden muß. Diese Lager lassen sich gut mit Abfallprodukten füllen wie abgebrochene Puffer und übrige Bauteile.

Auf Bild 62 (Anlage Kruttschnitt) ist ein Beispiel für die Gestaltung von Bw-Gebäuden mit Vollmer-Bausätzen wiedergegeben. Gut macht sich der offene Schuppen mit dem danebenstehenden Preßluftkessel. Auf der Seite zur Werkstatt schließt ein offenes Lager an.

Ausgesprochene Bw-Gebäude gibt es nicht. Die Firma Vollmer bietet aber mit den Bausätzen 5602–05, 5610–14 Bausätze an, die für unsere Zwecke geeignet sind. Das Röhrenlager, die Gleiswaage und die Bauhütte, sofern sie „instandgesetzt" wird, ergänzen die Auswahl.

Aus dem Sortiment von Kibri gibt die Realschule B 8420 ein stattliches Verwaltungsgebäude ab. Der Bausatz Besandungsanlage B 816 von Pola läßt sich leicht in einen Bw-Schuppen umbauen, indem man den Besandungsturm entfernt. Das Sandlager kann umgebaut werden. Dazu entfernt man am besten die Wand auf einer Seite, kürzt teilweise die Höhe der restlichen Wände und unterteilt die Lagerfläche in mehrere Abschnitte. Nässeempfindliche Stoffe sind durch ein Dach zu schützen.

Andere Schuppen und Lagergebäude müssen durch Umbau und Kombination verschiedener Bausätze geschaffen werden, da geeignete Angebote fehlen. Lediglich Arnold bietet für Spur N den Lagerschuppen 0643 als Bausatz an, der nahezu unverändert übernommen werden kann. Aus den Heljan-Bausätzen B 360 und B 361 Fabrikgebäude lassen sich z. B. größere Werkstattgebäude oder eine Halle für die Reparatur von Wagen machen. Und in der Baugröße N ergibt die Sägehalle des Sägewerks B 282 von Pola ein brauchbares Lagergebäude.

Bild 62

Lager, Schuppen und sonstige Gebäude

Die Einfahr- und Ausfahrweichen werden von dem Stellwerk bedient, in dessen Zuständigkeit sie fallen. Auf der Modellbahn sollte das genauso sein. Die Weichen innerhalb des Bw-Geländes werden nur bei einem größeren Bahnbetriebswerk von einem besonderen Stellwerk aus gestellt. Die Größe des Gebäudes richtet sich nach der Anzahl der Weichen. Ist ein größerer Bereich zu beaufsichtigen, empfiehlt sich die hohe Bauform (z. B. Vollmer 5733 Stellwerk Stuttgart D), andernfalls genügen ebenerdige Stellwerke wie „Riedlingen" (Vollmer 5730) oder „Blockstelle Süd" (Vollmer 5735) in moderner Gestaltung. Das Stellwerk sollte in jedem Falle nicht zu groß sein und der Bw-Größe entsprechen. Diese Stellwerke sind in der Nähe der Behandlungsanlagen und der Drehscheibe aufzustellen.

Drehscheibe oder Schiebebühne?

Nach der Behandlung sucht die Lok den Schuppen (Halle, Remise) auf oder wird bei kurzen Pausen auf einem Aufstellgleis abgestellt. Im kleinen Bw steht sie vor dem Schuppen. Da Lokschuppen zu den auffälligsten Gebäuden im Bw gehören, fehlen sie in keinem Sortiment. In fast allen Baugrößen sind Schuppen zu haben, wobei das größte Angebot in Baugröße N zu verzeichnen ist.

Wenn wir einmal von den großen Spuren, 0, I und II m (LGB) absehen, stellt sich bei der Planung eines mittleren und größeren Bw die Frage nach der Wahl eines Ringlokschuppens oder einer Lokomotivhalle mit rechteckigem Grundriß. Beide Typen sind bei der Bundesbahn zu finden, wobei bei Neuanlagen nur noch Rechteckhallen gebaut werden. Die Anordnung des Ringschuppens um die Drehscheibe ist von vielen Dampflok-Bw wohlvertraut, geht sie doch auf die Anfangszeit der Eisenbahn zurück. Die Schlepptendermaschinen müssen so gedreht werden, daß sie mit dem Schornstein voraus am Zug laufen, und im Schuppen müssen die Loks mit dem Schornstein nach vorn oder hinten aufgestellt werden, je nach Lage des Rauchgasabzuges im Hallendach. Beim Vollmer-Ringschuppen sind z. B. die Abzugsrohre vorne (auf der Seite zur Drehscheibe), während beim Heljan-Ringschuppen Abzüge auf beiden Seiten angeordnet sind.

Der rechteckige Schuppen (Rechteckhalle) stellt die moderne Bauweise dar. Sie wird bei Neubauten im Diesel- und Ellok-Bw nur noch angewendet. Aber auch im älteren Bw aus der Blüte der Dampflokzeit sind sie anzutreffen.

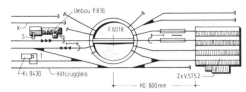

Bild 63

Die Drehscheibe zum Wenden der Lokomotiven ist dann in der Zufahrt zum Schuppen eingebaut (Bild 63) oder in einer günstig gelegenen Ecke.

Bei abseitiger Lage der Drehscheibe wird der Rechteckschuppen über Weichen angeschlossen, wie z. B. im Bw Freudenstadt (Bild 4, Seite 12). Die rechteckige Bauform ist vorteilhaft bei nur wenigen Lokomotiven, weshalb man sie besonders im kleinen Bw vorfindet. Allerdings stehen auf jedem Standgleis mehrere Lokomotiven. Bei der Modellbahn sind es höchstens zwei.

Bei einer großen Anzahl von Triebfahrzeugen ergibt sich eine große Hallenbreite, die wiederum einen großen Platzbedarf für die Entwicklung der Zufahrtgleise erfordert. Um dies zu vermeiden, sind in großen Rechteckhallen Schiebebühnen eingebaut, die das Abziehen der Lokomotive auch nach der Rückseite ermöglichen. Beim Vorbild wurden auf diese Weise bis zu vier Einheiten abgestellt.

Drehscheibe oder Schiebebühne?

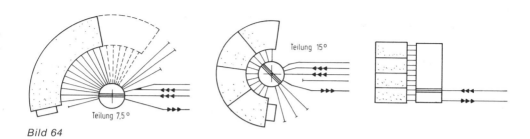

Bild 64

Den unterschiedlichen Platzbedarf bei Verwenden einer Drehscheibe oder einer Schiebebühne zeigt Abbildung 64.

Die Drehscheibe

Elektrisch angetriebene Drehscheiben gibt es in H0 z. B. von Märklin (7186) und von Fleischmann (6018). Beide Modelle sind schon seit vielen Jahren auf dem Markt. Die Drehscheiben weisen einen Teilungswinkel von 15° auf, was einen geringen Abstand zur Schuppentür zuläßt. Bei Verwenden handelsüblicher Lokschuppen läßt sich eine Lok aber nicht vor dem Schuppen aufstellen. Das ist bei beengten Einbauverhältnissen oft auch gar nicht erwünscht.

In Baugröße N bietet Arnold unter der Nummer 0851 eine elektrische Drehscheibe mit einer Teilung von 7,5° an. Dieses Modell ist nach der Einheitsdrehscheibe (26-m-Scheibe) der DB gestaltet und bietet durch das Einsetzen von Gleissegmenten eine Erweiterungsmöglich-

Bild 65

keit auf 27 Anschlußgleise. Mit dem zugehörigen Ringschuppen läßt sich ein Motiv nach Bild 65 gestalten.

Wahlweise kann die Drehscheibe auch von Hand bedient werden.

Mit der „Piccolo-Volks-Drehscheibe" hat Fleischmann für die N-Bahn eine einfache, handbediente Drehscheibe als Spiel-Zubehör

Drehscheibe oder Schiebebühne?

geschaffen. Auch sie hat die übliche 15°-Teilung und rastet vor dem jeweiligen Anschlußgleis ein, das daraufhin mit Strom versorgt wird. Die Drehscheibe in ihrer flachen Form läßt sich eventuell als Grundlage für einen Umbau benutzen. Dasselbe gilt für die Drehscheiben (H0 und N) von Heljan, die nach amerikanischem Vorbild geschaffen wurden. Gut macht sich bei den Modellen der profilierte Grubenboden.

Eine Drehscheibe für die Baugröße I (Bw Fazler) ist in Bild 66 abgebildet. Das Modell entspricht einem Vorbild mit durchlaufendem Hauptträger (starre Drehscheibe) von 16–20 m Länge und einer Grubentiefe von 2,5 m. Diese Bauart wurde bis etwa 1920 verwendet und ist typisch für alte Bahnbetriebswerke mit kurzen Maschinen. Modellbauer sind ausschließlich auf den Selbstbau angewiesen, da alle angebotenen Drehscheiben-Modelle der Einheitsbauart mit 23 m und 26 m Durchmesser entsprechen. Das Spur-I-Modell wird durch 2 Motoren angetrieben: der eine zum Drehen und der andere für die Verriegelung der Brücke und zum Betätigen des Gleissperrsignals. Das Bild zeigt auch die Gestaltung der Grube, die mit Alabastergips und einer Blechschablone die gewünschte Form erhielt. Eine graue Einfärbung des Gipses oder eines Gemisches aus Gips, Moltofill, Wasser und Weißleim erleichtert das Bemalen der Grube. Zudem kommt bei Beschädigung keine weiße Gipsfläche zum Vorschein. Vor dem Erhärten sind die Rillen radial zum Königstuhl (Drehpunkt der Scheibe) zu ziehen. Mit Wasserfarben oder Plakafarben

Bild 66

erhält die Grube ein verwittertes, ölig-schmutziges Aussehen.

Eine Alterung müssen alle handelsüblichen Drehscheiben erhalten. Sofern sie aus Kunststoff sind, genügt die Behandlung mit matten Humbrolfarben Bei Gruben aus geprägtem Metall empfiehlt sich das Aufkleben von Pflastersteinkarton – auch beim Vorbild sind manche Gruben gepflastert –, der in Sektoren (Form von Kuchenstücken) geschnitten wird. Für die Gestaltung einer Betonfläche genügt irgend ein Karton, auf den eine dünne Schicht gefärbter Spachtelmasse aufgetragen und evtl. mit feinem Sand bestreut wird.

Drehscheibe oder Schiebebühne?

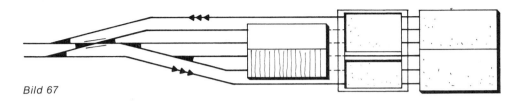

Bild 67

Bild 68

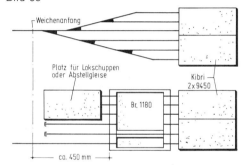

Ein Altern der Schiebebühnen ist auf dieselbe Art und Weise vorzunehmen.

Die Schiebebühne

Wie bereits erwähnt, muß man sich auf der Modellbahn bei Verwenden von Rechteckhallen auf die Aufstellung von zwei Lokomotiven hintereinander beschränken. Auch ist eine Schiebebühne in der Halle aus optischen Gründen nicht erwünscht. Also baut man die Schiebebühnen offen zwischen zwei Hallen ein, wobei die eine Halle Dampfloks und die andere Dieselloks aufnimmt. Die über Zufahrgleise direkt erreichbare Halle könnte auch den Elloks vorbehalten sein, während die hintere Dieselmaschinen beheimatet, wie in Bild 67 dargestellt. Die hintere Halle benötigt eine separate Zufahrt, wobei Einfahrt und Ausfahrt über getrennte Gleise erfolgen können.

Die Gleisentwicklung der Hallenzufahrt braucht je nach der Zahl der Standgleise erheblichen Platz. Bei einer Schiebebühne wird die benötigte Fläche kleiner, oder sie läßt sich durch die Anordnung zusätzlicher Aufstellgleise nach Bild 68 besser nutzen.

Schiebebühnen werden in der Baugröße H0 von Brawa und in N von Brawa und Herkat angeboten. Alle Schiebebühnen weisen 6 Gleisanschlüsse auf, die völlig ausreichen. Das Fabrikat Herkat ist das Modell einer Lokomotivschiebebühne mit durchlaufenden Hauptträgern auf zwei Laufschienen. Die Bewegung der Bühne erfolgt über einen elektrischen Antrieb (Nr. 1203) oder manuell über eine Schiebestange unter der Anlagenplatte (Nr. 1220), wobei der Mechanismus bei jedem Gleis einrastet.

Drehscheibe oder Schiebebühne?

Die beiden Brawa-Schiebebühnen sind die Nachbildung einer Hohlkörperschiebebühne mit hochgesetztem Bedienungsstand. Diese Bauform wird bei Neuanlagen verwendet. Beide Modelle werden elektrisch betrieben.

Die H0-Ausführung ist für das Märklin-System wie für das internationale Zweileiter-Gleichstrom-System verwendbar. Eine ausführliche Anleitung liegt bei, so daß der Einbau keine Schwierigkeiten bereitet. Bild 69 zeigt ein Einbaubeispiel für eine Brawa-Schiebebühne.

Bild 69

Die Lokschuppen

Die Drehscheibe muß nicht immer vor einem Lokschuppen liegen, wie wir bereits wissen, aber umgekehrt steht ein Ringschuppen immer an einer Drehscheibe. Den Anschluß eines dreiständigen Ringschuppens über eine Dreiwegweiche überläßt der Modellbahner dem spielenden Kind. Die Frage, die ihn interessiert, ist die nach der Mindestzahl der Standgleise.

Nehmen wir das Bw einer Nebenbahn, deren Lokomotivbestand aus Schlepptendermaschinen (z. B. Baureihe 24, T 3 mit Schlepptender) besteht. Eine Drehscheibe muß vorhanden sein. Warum soll nun die Lokomotivhalle nicht als Ringschuppen angelegt sein. Für die geringe Zahl der Maschinen genügen 3–4 Stände. Nun haben die beiden Ringlokschuppen in H0 (Vollmer und Heljan) jeweils 3 Standgleise, aber der ganze Baukörper ist für unser Beispiel zu groß. Sieht man darüber hinweg, ist solch ein dreiständiger Schuppen akzeptabel. Als Ausweg bleibt sonst nur der Selbstbau eines „maßgeschneiderten" Schuppens.

In Baugröße N tritt dasselbe Problem auf, nur mit dem Unterschied, daß in dieser Baugröße oft mehr Platz für die Modellbahn vorhanden ist und das Bw dann auch größer ausfällt. Arnold bietet einen 5ständigen Schuppen an, der für sich allein vom Baukörper her auch in einem mittleren Bw richtig am Platz ist. Der Heljan-Schuppen hat 6 Stände.

Muß es unbedingt ein Ringschuppen sein? Der Reiz eines Bw geht auch mit einem Rechteckschuppen nicht verloren, zumal es sehr schöne Modelle gibt, und eine Drehscheibe kann trotzdem vorhanden sein.

Für das mittlere Modellbahn-Bw sind 4–6 Stände und für das große Bw 6–12 Stellplätze erforderlich. Mehr Standgleise sind in der Regel nur unterzubringen, wenn das Bahnbetriebswerk ein selbständiges Anlagenthema ist.

Beim Selbstbau eines Ringschuppens sollen alle wichtigen Details soweit wie möglich nachgebildet werden. Bild 70 zeigt einen Blick in das Innere des 16ständigen Lokschuppens auf der im Bau befindlichen Anlage des Eisenbahnclub Heilbronn. Neben der Dachkonstruktion sind die Rauchabzugrohre, die Werkbänke, die Prellböcke als Schutz gegen zu rasches Hineinfahren und die weißen Fugen des noch nicht farblich behandelten Pappdaches zu sehen. Bild 71 zeigt das Modell eines Ringlokschuppens mit 5 Ständen und der Drehscheibe für die Lehmann Groß-Bahn (LGB).

Bild 70

Die Lokschuppen

Bild 71

Bild 72

Schuppen in Rechteckform gibt es für H0 in dem Sortiment von Faller, Kibri, Vollmer, Heljan und Pola. Mit dem Vollmer-Bausatz 5752 erhält man durch Aneinanderreihen von 2–3 Schuppen bis zu 6 Standgleise, die auch lange Schlepptendermaschinen aufnehmen können.

Weitere Kombinationen, z. B. mit dem Bausatz 5750, erlauben die Verlängerung der Gleise, damit 2 Tenderloks hintereinander Platz finden. Mit den anderen Fabrikaten, die mehr auf die Nebenbahn abgestimmt sind, lassen sich ebenfalls durch Umbau und Kombination besonders reizvolle Lösungen finden.

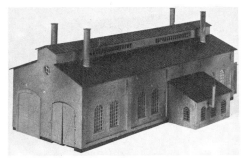

▲ Bild 73   ▼ Bild 74

In Baugröße N sind in reicher Zahl einständige und zweiständige Dampflokschuppen vorhanden. Die Modelle sind zum Teil Vorbildern nachgebaut wie der Schuppen Schömberg (Arnold 0636) und der Schuppen mit Werkstatt aus Todtnau (Pola B 210). Sogar die Schmiedeesse im Freien wurde nicht vergessen.

Bild 72 gibt eine Anregung für die Anordnung von Lokschuppen und zeigt das vielfältige

Die Lokschuppen

Drumherum, ohne das ein Bw, und sei es noch so klein, nicht auskommt.

Ein kurzer Blick sei auf die großen Spurweiten 0, I und II m (LGB) geworfen. Das Angebot ist entsprechend des Marktanteils bescheiden. Die Firma Heljan will einen zweiständigen Lokschuppen (Bild 73) samt Drehscheibe auf den Markt bringen, während Lutherer, Pola und Preiser einen kleinen Lokschuppen für die LGB bereits liefern. Bild 74 zeigt eine Zillertalbahnlokomotive vor dem Pola-Schuppen. Im Hintergrund ist der gekürzte Wasserkran von Lindberg zu sehen.

Moderne zweiständige Rechteckhallen für Diesel- und Elloks werden von allen namhaften Herstellern für die beiden wichtigsten Baugrö-

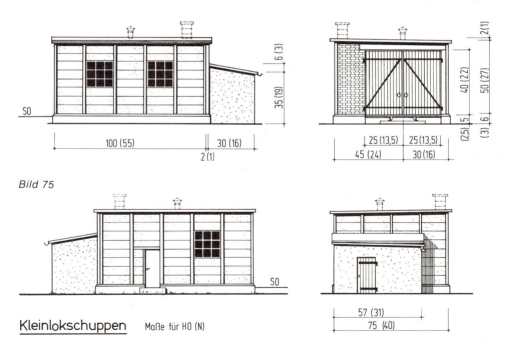

Bild 75

Kleinlokschuppen   Maße für H0 (N)

Die Lokschuppen

ßen H0 und N angeboten. Eine weitere Erläuterung erübrigt sich, da diese modernen Lokomotivhallen nur für die Traktionsarten unserer Tage verwendet werden. Weitere Hinweise für die Verwendung sind den jeweiligen Bauvorschlägen angeschlossen.

Im Angebot der Hersteller fehlen jedoch kleine Schuppen für Dienstfahrzeuge und Kleinlokomotiven wie die Köf II (Brawa, Günther) und die Köf III (M + F). Bahnmeistereiwagen, Rottenkraftwagen (beide Brawa) und die Turmtriebwagen (H0: Brawa, Günther, N: Arnold) sollten ebenfalls in einem Schuppen untergestellt werden können. Da der Selbstbau nicht jedermanns Sache ist, wäre ein Industrie-Modell willkommen. Wie solch ein Schuppen aussehen kann, zeigt Bild 75. Ein Anwendungsbeispiel ist in Bild 78 zu sehen.

Allein die Firma Pola bietet unter der Nummer B 602 (H0) eine „Streckenwartungsbaugruppe mit Schuppen und Zubehör" an. Das Modell deutet teilweise auf amerikanischen Ursprung hin, für deutsche Verhältnisse sind Umarbeitungen erforderlich. Vor allem ist die Transformatorenstation hier am falschen Platz. Die dem Bausatz beiliegende Draisine mit Muskelkraftantrieb ist für eine Nebenbahn aus vergangenen Jahren geeignet. Für die heutigen Verhältnisse sollte diese Draisine durch einen Kleinkraftwagen mit ähnlichen Abmessungen ersetzt werden.

Nach diesem Überblick über die Einrichtungen und die Anlagen im Bahnbetriebswerk wollen wir uns der Einordnung des Bw in die Modellbahnanlage zuwenden.

Welches Bw ist geeignet?

Grundsätzlich gibt es zwei Möglichkeiten:

1. Das Bw ist lediglich ein Bestandteil der Anlage, wobei die Gestaltung der ganzen Anlage im Vordergrund steht.
2. Das Bw als zentrales Thema beherrscht die Anlage, wobei andere Gleisanlagen nur zur Andeutung des Eisenbahnverkehrs dienen.

Die meisten Modellbahnanlagen sind nach Punkt 1 gestaltet. Das erfordert aber auch, daß sich das Bw der dargestellten Situation unterordnet. Bei allem Verständnis für die Vorliebe zum Thema Bw muß bereits bei der Planung auf den gewählten Charakter der Bahn Rücksicht genommen werden. Es ist einfach unmöglich, daß im Bw für 2 Lokomotiven eine Großbekohlungsanlage zusammen mit einem großen Besandungsturm steht. Genau so unnatürlich ist es, wenn im mittleren oder großen Bw die aufgezeigten Behandlungsanlagen gar nicht, zu klein oder nur sehr lückenhaft dargestellt sind und das Bw Gleisanlagen aufzeigt, die seiner vorgegebenen Bedeutung in keiner Weise entsprechen. Auch auf dem Modellbahnsektor gilt: „In der Beschränkung zeigt sich der Meister" oder, anders gesagt, „weniger wäre mehr".

Nun, worauf ist zu achten?

1. Die Epoche

Die Einteilung in Epochen soll dem Modellbahner die Auswahl geeigneter Fahrzeuge und Zubehörartikel bei der Planung seiner Bahn erleichtern. Dieser Vorschlag der Modellbahnpresse wurde bis jetzt leider nur von einem Hersteller aufgegriffen und im Katalog ausgedruckt. Leser, die sich über die Epoche und ihre typischen Fahrzeuge mehr informieren wollen, finden im Band 12 dieser Reihe „Fahren und Rangieren auf der Modellbahn" weitere Angaben. Kurz soll auf die Bedeutung der Epochen in Bezug auf die Gestaltung des Bw eingegangen werden.

Die Epoche 1 umfaßt die Länderbahnzeit bis zur Gründung der Deutschen Reichsbahn. Ein Bw aus dieser Zeit weist die alten Länderbahnmaschinen in der damaligen Farbgebung und Beschriftung auf. Lokomotiven sind außer bei Merker + Fischer auch bei Märklin, Trix, Fleischmann, Röwa, Liliput in H0 und bei Arnold und Minitrix in N zu haben.

Als Bw-Gebäude für die Hauptbahn kommen nur die alten Gebäude von Vollmer in Frage, für die Nebenbahn auch die der anderen Hersteller. Im Bw sind lediglich Behandlungsanlagen für Dampfloks vorzusehen. Alle modernen Einrichtungen fehlen.

Die Epoche 2 reicht von 1920 bis in den Anfang der 60er Jahre. Der Übergang zur nachfolgenden Epoche ist fließend. In die Epoche 2 fällt die Blütezeit der Dampflokomotiven, wobei sich für die Anlage die Reichsbahnzeit wie auch seit Ende 1951 die Ära der Deutschen Bundesbahn anbietet. Neben Dampflokomotiven treten bei der Reichsbahn Dieseltriebfahrzeuge auf (z. B. Köf II, Dieseltriebwagen VT 75.9, Wismarer Schienenbus usw.) und ab den 30er Jahren in verstärktem Maße auch elektrische Lokomotiven wie E 18, E 44, E 91, um nur einige zu nennen.

Welches Bw ist geeignet?

Zur Versorgung der Dieseltriebfahrzeuge sind kleine Tankstellen einzurichten. Geheizt wird aber noch mit Kohle. Die Behandlungsanlagen für die Dampflokomotiven sind voll im Betrieb. Einige Gebäude im Stil der Nachkriegszeit sind beim Bundesbahn-Bw angebracht.

Zum ersten Mal bietet sich jetzt die Gelegenheit, ein reines Ellok-Bw einzurichten. Die gewählte Zeit ist jedoch bei der Planung wie bei der Auswahl von Lokomotiven und Gebäuden streng zu beachten.

Eine Hilfe zur Auswahl der Fahrzeuge finden Sie auf den Seiten 20–24 KMR Bd. 12, wie auch in Büchern über Triebfahrzeuge, die im Fachhandel angeboten werden. Eine für den Modellbahner günstige Zeit ist die um das Jahr 1960, weil einerseits noch eine große Zahl Dampflokomotiven im Einsatz waren, darunter ölgefeuerte Maschinen, und andererseits neben den alten Elloks bereits viele Neubauloks im Einsatz standen.

In der Epoche 3 ist die moderne Bundesbahn dargestellt, gekennzeichnet durch den Rückgang des Dampflokomotiveinsatzes und Übernahme der Dienste durch Diesellokomotiven sowie durch die Elektrifizierung der Strecken.

Ein weiteres Kennzeichen ist die starke Modernisierung des Reisezug- und Güterwagenparks. Es gibt Stimmen, die sprechen bereits von einer Epoche 4, die etwa mit dem Auftreten des Olympiatriebwagenzuges ET 420 zu Anfang dieses Jahrzehnts beginnen sollte. Wie die Einteilung auch erfolgt, es ist die Zeit der modernen Bahn darzustellen.

Das bedeutet für unser Bw, daß im Ringschuppen neben Dampfloks auch Dieselloks stehen, daß die Tankstellen für Dieselfahrzeuge in Zahl und Größe zunehmen (das gilt auch für Schienenbusse) und daß im Ellok-Bw vorwiegend moderne Maschinen stationiert sind. Die Baulichkeiten sind natürlich darauf abzustimmen.

Ein Teil der nicht mehr benötigten Behandlungseinrichtungen müssen dem neuen Diesellokschuppen weichen, zumindest aber wird die moderne Halle neben alten Dampflokschuppen erstellt.

Nun, die Auswahl ist groß und bringt für jeden Geschmack das Geeignete. Ein weiteres Argument bei der Planung ist . . .

2. Das Bw im Grenzbahnhof

Im Grenzbahnhof bzw. im nächsten Lokwechselbahnhof wurden die Lokomotiven gewechselt. Das gilt auch für die Elloks bei verschiedenen Stromsystemen. Der Durchlauf von Lokomotiven beim selben Stromsystem oder bei verschiedenen· Systemen mit Mehrstromloks ist ein Zeichen der modernen Eisenbahn.

Vorstellbar wäre auch in einem Bahnhof mit nur 5–6 Gleisen ein Bw, das die Maschinen beider Bahnverwaltungen aufnimmt. Die Behandlungsanlagen sind dieselben. Die Maschinen werden aber in zwei getrennten Schuppen abgestellt und, wo das nicht möglich ist, wird der Schuppen in einen inländischen und einen ausländischen Bereich abgeteilt. Die Erstellung von 2 getrennten Bw ist in den meisten Fällen nicht möglich.

Welches Bw ist geeignet?

3. Anlagengröße

Der Charakter eines Bahnbetriebswerks wird außerdem von der Anlagengröße bestimmt. Für eine Nebenbahn ist nur ein Nebenbahn-Bw geeignet. Das muß beileibe nicht klein ausfallen. Aber auf einen Bestand von angenommenen 3, maximal 4–6 Maschinen müssen die Behandlungsanlagen abgestimmt sein. Allein die Wagenwerkstatt, die im Mutter-Bw der Nebenbahn nicht fehlen darf, bringt weitere Belebung und erfordert zusätzlichen Platz. Auch sind genügend Abstellgleise für Loks und Wagen vorzusehen. Das ist ein Programm, das den Rahmen vieler Nebenbahnhöfe bereits sprengt.

Ein Hauptbahn-Bw gehört zur Hauptbahn. Und gerade hier wird viel gesündigt. Es muß genügend Platz für ein Bw mit den notwendigen Behandlungsanlagen vorhanden sein. Die Reihenfolge der Behandlungen kann gegenüber der Idealfolge geändert werden, sofern es wie bei der großen Bahn die örtlichen Verhältnisse erfordern, aber sie müssen wirklichkeitsnah eingeplant werden, zudem ist ein Lokschuppen mit mindestens 5–6 Standgleisen erforderlich.

In vielen Fällen ist es besser, statt eines verstümmelten Hauptbahn-Bw ein großzügig gestaltetes und gut detailiertes Nebenbahn-Bw vorzusehen. Dabei wird angenommen, daß eine Nebenstrecke, evtl. als Privatbahn, im Bahnhof ihren Ausgang nimmt.

Selbst das oben erwähnte Hauptbahn-Bw ist falsch am Platz, wenn der Bahnhof kein Zugbildungsbahnhof oder Lokwechselbahnhof ist. Beide Bahnhofstypen erfordern aber eine gewisse Mindestgröße (Bahnhöfe siehe KMR Bd. 10), beim erstgenannten Bahnhofstyp besonders im Bereich der Abstellgruppe. Beim letzteren Bahnhofstyp sind Überholgleise für Güterzüge vorzusehen und Lokwartegleise, besonders wenn der Lokwechselbahnhof am Fuße einer längeren Steilstrecke liegt. Dieses Motiv läßt sich übrigens schön gestalten.

Es genügt ein relativ kleines Bw, wenn dort nur Maschinen für den Bergdienst stationiert sind. Die Züge erhalten einen Vorspann oder eine Schublok. Die Maschinen kehren allein oder mit dem Gegenzug zurück. Größer muß das Bw ausfallen, wenn die Lok des ankommenden Zuges gegen eine frisch ausgerüstete aus dem Bw ausgetauscht wird. Die angekommene Lok fährt zur Behandlung ins Bw und wird anschließend bis zur Übernahme des Gegenzuges meist im Freien aufgestellt. Das Bw ist Heimat-Bw nur für die Maschinen des Rampendienstes. Wird der Dienst auf der Talstrecke mit Dampfloks und die Beförderung über die Rampe mit Elloks durchgeführt, ergibt das zweifellos sehr reizvolle Fahr- und Rangierbewegungen. Dem Bw ist aber jetzt ein Bereich für die elektrischen Lokomotiven anzugliedern, der zumindest eine Halle mit 3 Standgleisen erhält. Ein Bestand von zwei E 44 und zwei E 94 (oder andere Maschinen wie E 10, E 91 und E 151) ist zu fordern. Liegt der Lokwechselbahnhof im Flachland am Übergang zu einem elektrifizierten Streckenteil, sind auch andere Elloktypen einzusetzen.

Welches Bw ist geeignet?

4. BW als Anlagenthema

Wer ein Bahnbetriebswerk bis ins kleinste Detail nachbauen will, muß dies zum Anlagenthema machen. Das ist in den Baugrößen N, H0 ohne weiteres, in den Baugrößen 0 und I oder II m nur bei sehr viel Platz möglich. In den Spurweiten N und H0 können bei geschickter Planung auf der Vorführstrecke (Paradestrecke) viele Züge (evtl. automatisch) fahren, die Start und Ziel im Schattenbahnhof haben. Beide Anlagenteile können in einem Vorort-

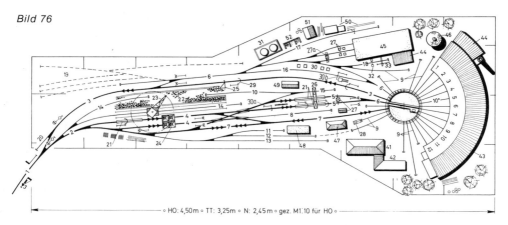

Bild 76

○ H0: 4,50 m ○ TT: 3,25 m ○ N: 2,45 m ○ gez. M 1:10 für H0 ○

Gleisbezeichnung

1 Verbindungsgleis
2 Einfahrgleis
3 Ausfahrgleis
4 Bekohlungsgleis
5 Ausschlackgleis
6 Zufahrgleise
7 Umfahrgleis und Hilfsausfahrgleis
8 Wartegleis
9 Aufstellgleise
10 Abstellgleis
11 Gleis für Aufgleisgerätewagen
12 Stofflagergleis
13 Hilfszuggleis
14 Kohlenwagengleise
15 Schlackenwagengleis
16 Betankungsgleis
17 Tankwagengleis
18 Reparaturgleis
19 Abstellgleise
20 Schutzweiche

Bauliche und maschinenartige Anlagen

21 Untersuchungsgruben
22 Kohlenbansen
23 Kohlenkran
24 Bekohlungsbunker (Schüttgerüst)
25 Not- oder Hilfsbekohlung
26 Schlackenbockkran

Welches Bw ist geeignet?

bahnhof verknüpft werden, was die Fahrmöglichkeiten beträchtlich erweitert.

In Bild 76 wird ein Vorschlag für ein Bw als zentrales Thema einer Anlage gemacht. Die beigefügten Erläuterungen erleichtern die Orientierung. Bild 77 zeigt eine andere Gestaltung im Bereich der Bekohlung und der Ausschlackanlage. Darüber hinaus sind weitere Änderungen im Gleisplan vorstellbar. Drehscheibe, Ringschuppen, Kohlenkran und andere Behandlungseinrichtungen müssen selbst gefertigt oder aus handelsüblichen Zubehörartikeln umgebaut werden.

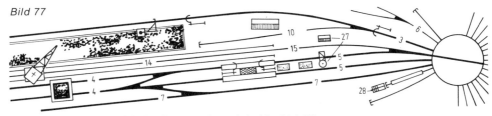

Bild 77

Variante: Lange Ausschlackanlage und vereinfachte Gleisführung

- 27 Besandungsanlage, Sandbehälter
- 27a Sandbehälter auf Turmgerüst
- 28 Rohrblasgerüst
- 29 Wasserkran
- 30 Dieseltankstelle
- 30a Mögliche Standorte für Ölkran
- 30b oder Schlauchanschluß
- 31 Tanklager
- 32 Hebeböcke
- 33 Bockkran mit Radsatzlager

Hochbauten
- 41 Verwaltung und Lokleitung
- 42 Übernachtungsgebäude und Kantine
- 43 Ringlokschuppen (Dampf)
- 44 Werkstätten und Heizzentrale
- 45 Rechteckschuppen (Diesel)
- 46 Wasserturm
- 47 Stellwerk
- 48 Stofflager
- 49 Aufenthaltsraum
- 50 Puffer- und Federnlager
- 51 Schuppen
- 52 Schrottboxen

Gleisabstand in den Behandlungsanlagen 6,0 m (H0 7 cm)
Alle Weichenwinkel $\leq 15°$
Gleisradien in H0 zwischen 60 und 100 cm.
Ein- und Ausfahrsignale sind nur vorzusehen, wenn auf einem längeren Verbindungsgleis eine Signalisierung nötig ist.

Wir planen ein Bw

Nun wenden wir die bisher gewonnenen Erkenntnisse an. Das kleinste Bahnbetriebswerk ist die Einsatzstelle für eine einzelne Rangierlokomotive, oft vom Typ Köf II oder Köf III. Es genügen ein Lokschuppen und eine kleine Dieseltankstelle nach Bild 78. Das „Bw" wird an irgendeinem Stumpfgleis eingerichtet.

Bild 78

Für alle anderen Bw-Typen empfiehlt sich eine Planung, wobei die Auswahl einer geeigneten Vorbildsituation hilfreich ist. Wenn auch der Gleisplan nur in wenigen Fällen genau auf die Modellbahn übertragen werden kann, erhält man wertvolle Aufschlüsse über Anzahl und Verwendung der Gleise und Anregungen für Größe und Baustil der Gebäude und der Bw-Anlagen.

Eine Vorbildsituation wird mit dem Bahnhof Todtnau im Bild 79 vorgestellt. Todtnau im Schwarzwald war der Endpunkt der meterspurigen Schmalspurbahn durch das Wiesental und beherbergte den Anlagen nach das Betriebswerk der Bahn. Die Schmalspursituation ist für die Modellbahn belanglos, weil der Gleisplan für Regelspur genauso übernommen werden kann. Dabei entfällt lediglich an der Ladestraße der Übergang der Regelspurgüterwagen vom Rollwagen auf das Regelspurgleis. In Baugröße N benötigt der Bahnhof eine Fläche mit den Mindestmaßen von etwa 60/100 cm, in H0 von 90/150 cm. Die Lage in der Kurve erleichtert die Verwirklichung auf der Modellbahn.

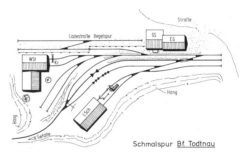

Bild 79

Dieser Bahnhof wurde als Vorschlag ausgewählt, weil in Baugröße N das Werkstattgebäude von Pola unter der Nummer B 210 als Lokschuppen angeboten wird. Dazu paßt im Baustil der zweiständige Lokschuppen 2116 von Faller. Kleinbekohlung und Wasserkran finden wir bei Arnold (0630, 0635) und Kibri (B 7434). Der Bahnhof Waldkirch (Faller 2112) entspricht etwa der Anordnung von Empfangsgebäude und Güterschuppen. Nach einer Alterung ergibt das Modell einen akzeptablen Kleinstadtbahnhof.

Wir planen ein Bw

Bild 80

Für die Spur H0 sind passende Modelle aus den verschiedenen Sortimenten auszusuchen. Die Ausdehnung des Bahnhofs richtet sich nach dem verfügbaren Platz und nach den betrieblichen Ansprüchen.

Eine Abwandlung des Todtnauer Bw und seine Einfügung in die Schwarzwaldlandschaft ist im Schaubild 80 dargestellt. Die Bekohlung mit Körben ist nur bei kleinen Bahnen gerechtfer-

tigt. Bei größeren Verkehrsaufkommen ist das rechte Schuppengleis wieder anzuschließen und statt der Körbe ist ein kleiner Kohlenkran oder Kohlenaufzug einzubauen.

Das Nebenbahn-Bw

Vor der Planung müssen Anzahl (maximal 3), Art und Größe der Triebfahrzeuge bekannt sein. Die Auswahl des Schuppens, der Bekoh-

Wir planen ein Bw

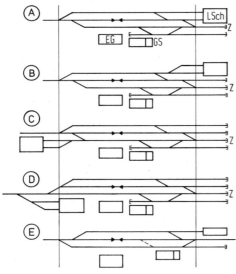

Bild 81

pen, ein Diesellok- bzw. Triebwagenschuppen, eine Kleinbekohlung, ein Wasserkran nach Länderbahnbauart und ein kleiner Bw-Kran. Eine Ausschlackgrube wird nicht gebaut; die Untersuchungsgrube ist im Schuppen.

Ehe mit der Planung begonnen wird, sollten die zu verwendenden Modelle bekannt sein. Für das in Abbildung 82 wiedergegebene Schaustück wurden die folgenden Modelle aus den Sortimenten verschiedener Hersteller ausgesucht oder selber gebaut:

Kibri B 9438	2ständiger Lokschuppen, Werkstatt an die Längswand verlegt.
Vollmer 5719	Kleinbekohlung, umgebaut nach Bild 12
aus Kibri B 9434	Lösche- und Schlackenbansen
	Portal der Besandungsanlage umgebaut zu einem Bockkran nach Abbildung 52
aus Pola B 561	Wasserkran, gekürzt (Bild 34)
Pola B 802	Schuppen
Selbstbau	Diesellokschuppen (Bild 75) Dieseltankstelle (Bild 43)

lungs- und Besandungsanlage schließt sich an. Wie sich das kleine Bw in einen Nebenbahnhof einfügen läßt, zeigt Bild 81. Bei gleicher Bahnhofslänge gewinnt man Abstellgleise, wenn der Lokschuppen auf der Ausfahrseite plaziert wird (C und D), wo neben dem Streckengleis oft genügend Platz vorhanden ist.

In den folgenden Zeilen sollen Planung und Bau eines Nebenbahn-Bw verfolgt werden. Es sind vorgesehen: ein 2ständiger Lokschup-

Als brauchbare Größen ergaben sich die angegebenen Maße von 80 cm Länge und 32 cm Breite. Bei weniger Platz kann man die ganze Anlage verkleinern und läßt eventuell die beiden Schuppen im linken Teil weg. Trotz der

Wir planen ein Bw

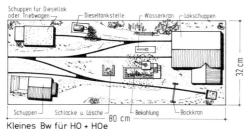

Kleines Bw für H0 + H0e

Bild 82

großzügigen Gestaltung entsteht nicht das Gefühl, daß Platz verschwendet worden ist.

Wie geht man nun vor?

1. Der Plan wird im Maßstab 1:10 (1:5) für die jeweilige Baugröße aufgezeichnet. Die Gleisabstände und die Abmessungen für die Gebäude und die Anlagen sind korrekt einzutragen, sonst gibt es beim Bau unliebsame Überraschungen.

2. Der Plan wird in Originalgröße (M 1:1) einschließlich der Standorte für Gebäude und Einrichtungen auf die Anlagenplatte übertragen. Gleise werden aufgelegt und die Gebäude werden zur Überprüfung der Planung aufgestellt. Korrekturen sind jetzt noch möglich.

3. Die Arbeitsgänge für die Ausführung dürfen als bekannt vorausgesetzt werden (siehe auch KMR Bd. 6), so daß nur einige Hinweise nötig sind.

Mit feinem Sand auf gefärbtem Leim lassen sich gute Effekte (Asche und Schlacke) erzielen. Der Sand muß aber wegen den Lokomotivgetrieben einwandfrei festgeklebt werden.

Im Bereich der Ausschlackstelle sind die Schwellen fast nicht mehr sichtbar unter einer festgebackenen Schicht aus Schmutz, Schlacke und Lösche. Die Schwellen werden deshalb mit einer dunkelgrau bis schwarz eingefärbten Spachtelmasse zugeschmiert. Die an den Schienen hängende Masse ist sofort zu entfernen, denn nach dem Erhärten ist dies eine mühselige Arbeit. Die Gleisabschnitte vor den Schuppen und bei der Dieseltankstelle erhalten dieselbe Behandlung. Anschließend wird der Boden mit Plakafarben oder matten Humbrolfarben mit den gewünschten Farbschattierungen versehen. Die im Grundriß angegebene Verschmutzung durch abtropfendes oder verschüttetes Öl soll eine Anregung geben. Eine Auffanggrube fehlt. Um die Bekohlung und im Kohlenwagengleis liegt verschüttete Kohle. Dazu wird fein zerkleinerte Lokomotivkohle auf schwarz gefärbten Weißleim gestreut und leicht angedrückt. Später wird die überschüssige Kohle abgeklopft oder abgesaugt. Zuviel aufgetragene Kohle läßt sich nach dem Aushärten des Leims durch Wegreiben entfernen.

4. Den letzten Schliff gibt die Ausstattung mit Figuren und das Lagern von Schwellen, Schienen, Radsätzen, Ölfässern und anderen Bw-Gerätschaften.

Das Ergebnis ist in Bild 83 zu sehen. Das zur Abwechslung für die Schmalspur H0e erbaute kleine Bw kann unverändert für H0 übernom-

Wir planen ein Bw

Bild 83

Bild 84

Bild 85

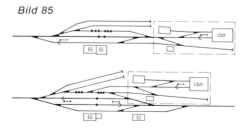

men werden und bei Verkleinerung der Abmessungen auch für N. Ein Bw mit etwas weniger Platzbedarf, aber mit einer Ausschlackgrube, ist in Abbildung 84 wiedergegeben (Demonstrationsanlage EC Heilbronn).

Wie sich dieses Bw in den Gleisplan eines Bahnhofes der Nebenbahn einfügen läßt, zeigt Bild 85. Es wurde davon ausgegangen, daß der Bahnhof Zugbildungsaufgaben hat und deshalb eine gewisse Anzahl Abstellgleise aufweisen muß.

Endet die Nebenbahn unsichtbar in einem Abstellbahnhof oder in einer Kehrschleife, sollte das Bw in den Abzweigbahnhof der Hauptbahn

Bild 86

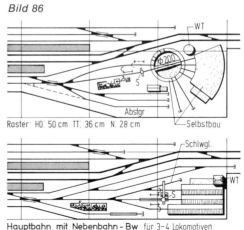

Hauptbahn mit Nebenbahn-Bw für 3-4 Lokomotiven

Wir planen ein Bw

gelegt werden. Die beiden Vorschläge in Bild 86 gehen davon aus, daß auf der Nebenbahn Tendermaschinen (z. B. Baureihen 64, 86, 91 oder V 100) verkehren. Beim Ringschuppen wird eine Drehscheibe benötigt, die mit einer Brückenlänge von 180–200 mm der Loklänge angepaßt ist. Drehscheibe und Schuppen müssen im Selbstbau hergestellt werden, weil sie in den gewünschten Abmessungen nicht käuflich erworben werden können. Die andere Lösung zeigt die Verwendung von Rechteckschuppen. Die Abstellgruppe liegt in diesem Fall zwischen der Schuppenzufahrt und den Hauptgleisen.

In beiden Fällen ist nicht zu übersehen, daß bei wirklichkeitsnaher Planung das Bw einen beachtlichen Platz beansprucht. Dieser Platzbedarf wird bei einem Hauptbahn-Bw noch erheblich größer.

Das Hauptbahn-Bw

Die Flächenausdehnung des Hauptbahn-Bw hängt eng mit den Behandlungsabläufen der Dampfloks zusammen. Die Auswirkung auf die Länge und Breite bei verschiedener Anordnung ist in Bild 87 dargestellt. Die Reihenfolge der Behandlungen steht fest. Lediglich das Besanden (S) wird beim Vorschlag C nach einem Bundesbahnvorbild vor das Bekohlen (K) verlegt. Das Entfernen von Schlacke (Schl) und Lösche ist dagegen immer nach dem Ergänzen der Kohlevorräte eingeplant.

Der Fall A zeigt die Standardlösung mit der größten Längenausdehnung und der gering-

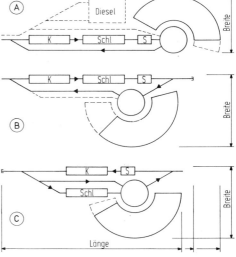

Bild 87

sten Breitenentwicklung. Im Beispiel B wird die Folge in einer Reihe beibehalten und Drehscheibe und Schuppen zur Seite hin verlegt. Dadurch wird die Anlage etwas kürzer, nimmt aber an Breite zu. In der Situation C wird nun die Anlage weiter verkürzt, in dem die Behandlungsfolge über eine Spitzkehre gebrochen wird. Das Ausschlacken liegt neben dem Bekohlen, das Umfahrgleis führt an der Ausschlackanlage vorbei. Die Anlage ist etwa gleich breit wie bei B. Da auf der Modellbahn in einer Anlagenecke eher Platz zu gewinnen ist

Wir planen ein Bw

als in der Länge, ist der Fall C am ehesten zu verwirklichen. In den folgenden Beispielen sind Vorschläge zu allen Fällen gemacht.

In den drei Beispielen ist der Rundschuppen überall gleich bei einer Drehscheiben-Teilung von 15°. Die gestrichelte Erweiterung ist jeweils ohne Vergrößerung der Breite möglich. Auf die Nebengleise im Bw wurde bei diesen grundsätzlichen Darstellungen verzichtet. In den Bauvorschlägen sind die dagegen eingetragen.

Die folgenden Vorschläge sind in ihren Abmessungen zum Nachbau geeignet. Die dargestellten Gleispläne müssen an die jeweilige Anlagensituation angepaßt werden. Die Ausdehnung der Bw-Bereiche kann durch größere Weichenwinkel (z. B. Märklin-System) und durch das Verbiegen flexibler Gleise in engen Grenzen verringert werden. Allen Planungsbeispielen wurden Weichen mit einem Winkel von 15° zugrunde gelegt. Die Gleisabstände entsprechen Modellbahnerfordernissen und sind auf die jeweiligen Drehscheiben und Lokschuppen abgestimmt. Bei allen Situationen sind die Bw-Einrichtungen von Fall zu Fall variiert. Die Gestaltung erfolgt nach den Grundsätzen, die beim kleinen Bw aufgezeigt worden sind.

Das mittlere Bw

In einem Bw mittlerer Größe sind auf der Modellbahn etwa 6 Maschinen stationiert. Vorschläge dazu sind aus dem Plan Freudenstadt (Bild 4) abgeleitet und für Modellbahnverhältnisse vereinfacht worden. Auf die Wagenhalle wurde ganz verzichtet. Der Vorschlag 88 weist ein Betriebswerk für reinen Dampfbetrieb aus. Die Tankstelle muß vorgesehen werden für eine Kleinlok oder für Schienenbusse, andernfalls kann sie entfallen. In einem Bw dieser Größe sind weder Schnellzugloks noch schwere Güterzugloks stationiert. Die größten Maschinen sind Schlepptenderloks der Reihen

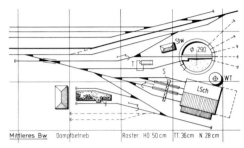

Bild 88

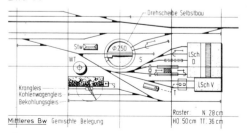

Bild 89

Wir planen ein Bw

23 und 38, 55 und eventuell die Baureihe 50. Daneben sind Tenderloks vorhanden.

Abbildung 89 zeigt eine Variation mit anderer Lage der Drehscheibe, die in dem angegebenen Durchmesser im Selbstbau entsteht. Auf ihr kann eine 50er nicht mehr gedreht werden, wohl aber die anderen, kürzeren Maschinen.

Im Beispiel wurde eine gemischte Belegung mit Dampf- und Diesellokmotiven eingeplant, was für letztere eine größere Tankanlage (Behälter 50 000 l) erfordert. Die größere Anzahl (5–8) von Dampfloks werden über einen Gleisdrehkran (umgebauter Märklin-Kran, Bilder 20 bis 22) bekohlt. Eine Hilfsbekohlung ist auf jeden Fall vorhanden.

Bild 90

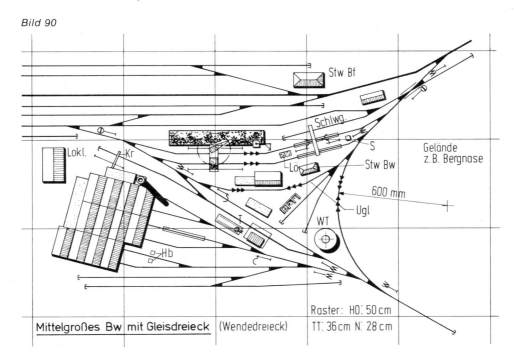

Wir planen ein Bw

Der prinzipielle Ablauf der Behandlungen kann in diesem Bw nicht eingehalten werden. Es sind wie beim Vorbild Sägefahrten auszuführen, die das Rangieren interessanter machen. Wenn alle Einrichtungen frei sind, ergibt sich die folgende Reihung:

1. Einlauf der Schlepptendermaschine über die Haupteinfahrt (links) mit Schornstein voraus.
2. Drehen
3. Bekohlen
4. Ausschlacken, Wasserfassen, Besanden
5. Abstellen im Schuppen
6. Ausfahrt über linken Anschluß.

Darüber hinaus ist bei der Belegung einzelner Anlagen eine andere Reihenfolge möglich. Güterzuglokomotiven ziehen aus den hinteren Gleisen über das Streckengleis vor und fahren in das Bw über die Nebeneinfahrt, den rechts gelegenen Anschluß, ein.

Eine interessante Abwechslung bringt das in Bild 90 wiedergegebene Bw mit einem Gleisdreieck zum Wenden der Maschinen. Auf eine Drehscheibe kann verzichtet werden. Die Schaltung des Gleisdreiecks ist mit den angebotenen Schaltungselementen (z. B. Fleischmann 6099) kein Problem.

Das große Bw

Bei der Zuordnung eines Bahnbetriebswerkes zur Modellbahn läßt sich die Mindestausdeh-

Bild 91

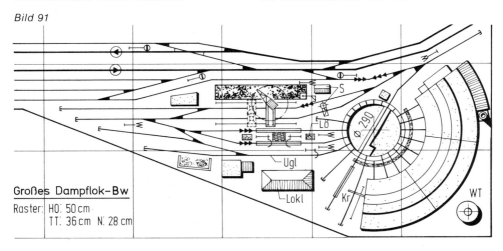

Großes Dampflok-Bw
Raster: H0: 50 cm
TT: 36 cm N: 28 cm

Wir planen ein Bw

nung nur schwer verringern. Legt man Wert auf eine glaubhafte Ausführung ergibt das in H0 eine Länge von immerhin 2 m. Jede Verkürzung der Gleisanlage sollte nach der Planung mit Gleisen und Bauteilen aufgelegt und kritisch überprüft werden. Nur so lassen sich Enttäuschungen und nachträgliche Umbauten vermeiden. Und wenn es für kein großes Bw reicht, dann tut es auch ein mittleres oder bei anderer Anlagenkonzeption ein kleines Bw der Nebenbahn.

Bild 91 zeigt ein Bw mit 9 Ständen nach dem Grundprinzip C in Bild 87. Das Betriebswerk ist ein reines Dampf-Bw. Ein Rohrblasgerüst und ein Überladekran sind als zusätzliche Einrichtungen zu empfehlen. Die Bekohlungsanlage wurde aus zwei Röwa-Bausätzen 5210 umgebaut. Eine fahrbare Brücke trägt Schienen, auf denen der Kran längs fahren kann. Dadurch kann der Schlackensumpf mit dem Kran entleert werden. Die andere Brücke, die zum Bestreichen des ganzen Kohlenlagers ebenfalls

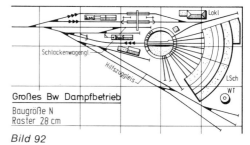

Großes Bw Dampfbetrieb
Baugröße N
Raster 28 cm

Bild 92

Bild 93

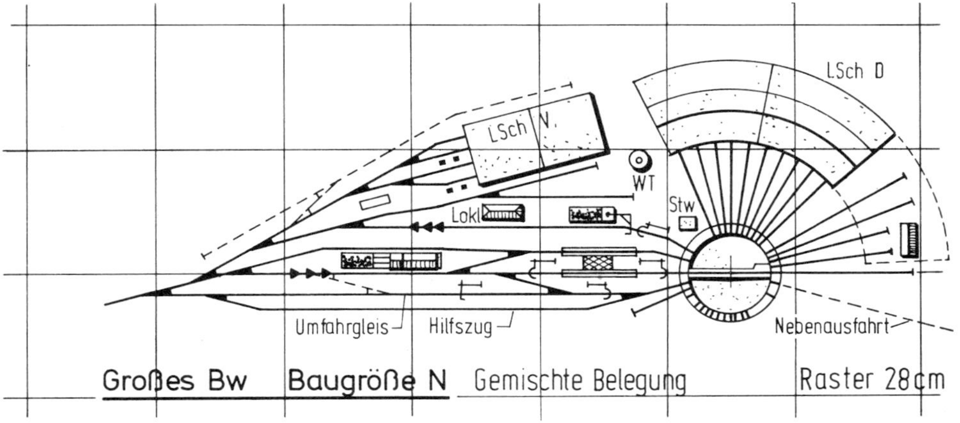

Großes Bw Baugröße N Gemischte Belegung Raster 28 cm

Wir planen ein Bw

fahrbar sein muß, kann mit einem zweiten Bunker ausgerüstet werden (gestrichelte Darstellung). Verzichtet man auf das fahrbare Schüttgerüst, werden die Loks direkt mit dem Greifer bekohlt.

Die Abbildungen 92 und 93 zeigen für die Baugröße N zwei Vorschläge, die in der Hauptsache mit Arnold-Zubehör wie Drehscheibe, Lokschuppen und Großbekohlung ausgestattet sind. Die anderen Zubehörteile sind beliebig auszuwählen. Der Vorschlag 92 Dampfbetrieb ist nach dem Grundprinzip B gestaltet, der für die gemischte Belegung (Bild 93) entstand aus dem Grundsatz A.

Die Vielfalt der vorgestellten Bw-Einrichtungen und Planungen bezog sich immer auf das Dampflok-Bw. Da und dort waren Tankstellen und Diesellokschuppen (Rechteckhallen) mit im Gleisplan einbezogen. Wie sieht es nun im reinen Diesel-Bw oder im Ellok-Bw aus?

Bw für Diesel- und elektrische Triebfahrzeuge

Erinnern wir uns an den Wartungsaufwand für die Dampflokomotiven. Alles das, was im Betrieb aufwendig ist, was raucht und stinkt, was schmutzig und ölig ist, macht doch die Atmosphäre eines Bahnbetriebswerks aus. Ein auf Dieselbetrieb umgestelltes Bw wirkt dagegen steril. Die alten Anlagen stehen noch bis zum Abbruch, die Drehscheibe vor dem Rundschuppen bleibt erhalten. An neuen Anlagen sind lediglich weitere Vorratsbehälter für Dieselkraftstoff und Heizöl samt den dazugehörigen Tanksäulen dazugekommen. Der Besandungsturm ist ebenfalls noch in Betrieb. Die Teleskoprohre sind mit Schläuchen verlängert zum leichteren Füllen der seitlich am Fahrwerk angebrachten Sandkästen.

Nun, welche Behandlungen braucht eine Diesellok? Abgesehen von den Fristarbeiten in der Halle, werden nur Treibstoff und Heizöl getankt und die Sandvorräte ergänzt. Dann werden die Maschinen im Schuppen oder im Freien abgestellt. Sie benötigen im Winter ähnlich einem Automobil nicht unbedingt ein schützendes Dach, auch wenn es wünschenswert ist.

Neben den Maschinen für den Streckendienst sind die Rangierlokomotiven im Bw beheimatet. Die Kleinloks der umliegenden Bahnhöfe werden zu den Fristen ins Bw überstellt. Daneben werden die Verbrennungstriebwagen, in der Regel Schienenbusse der Typen VT 95 und VT 98, abgestellt und gewartet.

Die Elloks verursachen noch weniger Aufwand. Hier bleibt lediglich das Auffüllen der Sandbehälter als einzige Behandlung übrig. Die Besandung erfolgt meist mit dem Sandfüller oder mit der Schippe aus dem Vorratskasten. Hier und da wird auch ein Sandgerüst zu finden sein, das wegen des Sicherheitsabstandes zur Oberleitung eine größere Bauhöhe aufweist.

Sofern im Diesel-Bw nicht Schuppen und Drehscheibe weiterhin benutzt werden, sind die Hallenzufahrten nach den Bildern 67 und 68 anzulegen. Dasselbe gilt für das Ellok-Bw,

Wir planen ein Bw

wobei das Aufzeigen der modellbahnmäßigen Überspannung von Drehscheibe und Schiebebühne den Rahmen dieses Bändchens sprengen würde. Auf diese Probleme wird im Rahmen des Eisenbahn-Modellbahn-Magazins (Alf Teloeken Verlag, Düsseldorf) gelegentlich eingegangen.

Die Gestaltung eines kleinen Ellok-Bw zeigt Bild 94. Es stellt den Schuppen der Zahnradbahn (Modell einer Drehstrombahn, erkenntlich an den beiden Fahrdrähten der Oberleitung) auf der Anlage des Modelleisenbahnclub Stuttgart dar. Im Bild 95 ist der Gleisplan für eine Zahnradbahn-Bw abgebildet.

Elektrische Triebwagen wie der Olympiatriebwagen ET 420 (Röwa, Arnold) sind auf den Anlagen in der Regel nur einmal vertreten. Sie werden oft im Freien abgestellt und suchen die Halle nur zu Frist- und Reparaturarbeiten auf.

Bild 94

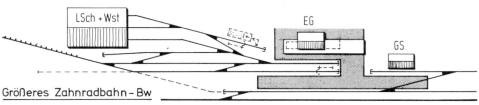

Größeres Zahnradbahn-Bw

Bild 95

Was man nicht vergessen darf

Bei der Ausgestaltung des Betriebswerkes darf zur Belebung der Szenerie das Personal nicht vergessen werden. Geeignete Leute sind von Merten und Preiser zu haben: Lokführer, Heizer und Bw-Personal, Gleisbauarbeiter und Stellwerksbeamte. Beschäftigte von der Güterabfertigung lassen sich gut für Arbeiten im Lager verwenden. Im Gegensatz zur Bundesbahn braucht der Modellbahner mit Personal nicht zu sparen. Die Anzahl muß jedoch auf die Bw-Größe abgestimmt werden.

Bauarbeiter mit Schaufel und Pickel lassen sich gut zu Arbeiten im Kohlenbansen verwenden. Die Kleidung muß durch Bemalen dem neuen Einsatz angepaßt werden. Für andere Bw-Arbeiten wählt man geeignete Figuren aus und verändert durch vorsichtiges Erwärmen über einer kleinen Flamme die Körperhaltung so, daß sie zu den neuen Aufgaben paßt.

Eine nette Idee ist der Tag der offenen Tür auf der Anlage Tappert (Bilder Seite 95). Die Besucher bewundern nicht nur die zur Schau aufgestellten Lokomotiven, sondern klettern auch auf den schrottreifen Maschinen herum.

Im Bw finden wir außer den Lokomotiven eine Reihe typischer Fahrzeuge wie Hilfszug- und Bauzugwagen, Schneepflug, Schlacken- und Müllwagen, Eisenbahnkräne, bzw. einen Kranzug, Kesselwagen für den Dienstgebrauch und den Unkrautvertilgungszug. Allgemein werden sie als Bahndienstwagen bezeichnet.

Zum Schlackenwagen eignet sich ein offener Wagen, meist älterer Bauart mit Blechwänden. Aus dem Trix-Programm bietet sich der kurze Wagen 3450 an, der in der Reichsbahnzeit die Aufschrift Schwerin trug. Das billige Modell wird mit matten Humbrolfarben gealtert und erhält das Aussehen eines im Dienst arg strapazierten Wagens.

Von den neueren Wagenbauarten findet der Typ Omm 52 Verwendung, der bei Märklin und bei Roco im Sortiment geführt wird. Zur weiteren Auswahl stehen Klappdeckelwagen zur Verfügung. Arnold bietet diesen Wagen in grüner Lackierung bereits als Schlackenwagen an. Bei Umbauten aus dem Minitrix- oder aus dem Roco-Modell sollten die Klappdeckel entfernt werden und eventuell auch der feststehende Deckelteil. Derselbe Wagentyp wird außerdem als Müllwagen benutzt.

Der Hilfszugwagen 2220 von Röwa ist als Aufgleisgerätewagen im Bw zu stationieren. Mit einem Kranwagen und anderen Wagen läßt sich ein kompletter Hilfszug zusammenstellen. Aus der Vielzahl der Angebote ergibt sich jede gewünschte Kombination.

Bauzugwagen werden gern im Bw abgestellt, sofern genügend Gleise vorhanden sind. Der Schneepflug steht auf einem verkehrsgünstig gelegenen Stumpfgleis. Ist im Bahnhof kein Platz oder sind Instandsetzungen erforderlich, wird auch die Plasser-Nivellierstopfmaschine ins Bw überstellt. Beide Modelle werden in H0 von Liliput angeboten.

Zur Anlieferung von Heizöl und Dieselkraftstoff verwendet die Bahn neben den bekannten Kesselwagen bahneigene Wagen einer Sonderbauart, wie sie als Bausatz 4921 im Mär-

Was man nicht vergessen darf

Bild 96

klin-Sortiment sind und früher bei Fleischmann angeboten wurden. Derselbe Wagentyp ist auch von Minitrix erhältlich. Schweres Heizöl und Dieselkraftstoff werden auch in den üblichen 2- und 4achsigen Kesselwagen transportiert.

Ein Transportwagen für Radsätze ist auf Bild 96 zu sehen. Dieser Wagen entstand bei der Bundesbahn durch den Umbau eines Behältertragwagens. Zum Nachbau im Modell benötigt man denselben Wagen (Fleischmann 5230, 8231, Märklin 4664, Röwa 2318 o. ä., Minitrix 3562 o. ä.), der einen Aufbau aus Schienenstücken und Messingwinkel erhält. Beim Vorbild läßt sich der als Rost ausgeführte Aufbau mit dem Kran abnehmen. Wie die Abbildung zeigt, sind auf zwei Schienen als Längsträger eine gerade Anzahl Schienenstücke als Querträger aufgeschweißt. Das Verrücken der Radsätze verhindern Winkelstücke, die jeweils 2 Querträger verbinden. Dabei ist auf eine Versetzung der Winkeleisen zu achten, damit eine genügend große Anzahl von Radsätzen transportiert werden kann.

Neben diesen Wagen sind im Bw selbstfahrende Bahndienstfahrzeuge anzutreffen. Es sind die Fahrzeuge der Bahnmeisterei, der Signalmeisterei und manchmal auch der Fahrleitungsmeisterei. Diese Dienststellen brauchen zum Bau und zum Unterhalt ihrer Anlagen Kleinfahrzeuge und Turmtriebwagen. Sind die Diensträume auf dem Bw-Bereich oder auf anschließendem Gelände untergebracht, werden Rottenkraftwagen und Bahnmeistereiwagen im Bw abgestellt. Andernfalls werden die Fahrzeuge zu Instandsetzungsarbeiten in das Betriebswerk gebracht. Mancherorts findet man am Rande des Bw-Geländes den Schuppen für den Turmtriebwagen, was sich für die Modellbahn geradezu anbietet. Der Schuppen kann für den kleinen Turmwagen (Brawa oder für den großen Turmwagen (Arnold, Günther-Bausatz) aus dem Angebot der Zubehörindustrie ausgewählt oder im Selbstbau hergestellt werden.

Eine Zusammenstellung der genannten Fahrzeuge ist im Anhang nachzulesen.

Planungs- und Gestaltungsbeispiele

So kann die Kleinbekohlungsanlage für eine Lokalbahnmaschine (hier der Glaskasten Baureihe 98.3) konstruiert sein. Mit einem kleinen Kran oder einem Schrägaufzug wird die Kohle auf die Schüttbühne gefördert und von dort in die hochliegende Kohlenkastenöffnung der Lok geschaufelt.

Planungs- und Gestaltungsbeispiele

Nebenbahn-Bw in Baugröße N mit allen notwendigen Einrichtungen

Planungs- und Gestaltungsbeispiele

Ein vorzüglich detailliertes Bw in Baugröße I. (Bw-Anlage Fazler)

Planungs- und Gestaltungsbeispiele

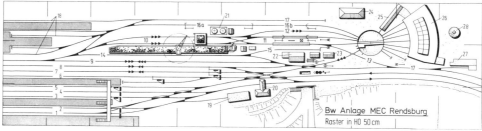

Bw Anlage MEC Rendsburg
Raster in H0 50 cm

1–3, 5, 6 Reisezuggleise
4 Durchfahrgleis
7, 8 Güterzuggleis
9 Lokomotiv-Verkehrsgleis
10 Bekohlungsgleise
11 Ausschlackgleise
12 Umfahrgleis
13 Wendegleis
14 Kohlenwagengleis
15 Schlackenwagengleis
16a Tankgleis für ölgefeuerte Dampfloks und Dieselloks
16b Hilfszuggleis
17 Ziehgleise
18 Gleise an Verladerampen
19 Schuppen für Kleinlok (Köf) und Geräte
20 Stellwerk
21 Öltanklager
22 Werkstatt
23 Sandaufbereitung und Trocknung
24 Lokleitung und Übernachtung
25 Triebwagenschuppen
26 Rundschuppen für Dampfloks
27 Diesellokschuppen
28 Wasserturm

Großes Bw im Bau auf der H0-Anlage des Eisenbahnclub Heilbronn

Planungs- und Gestaltungsbeispiele

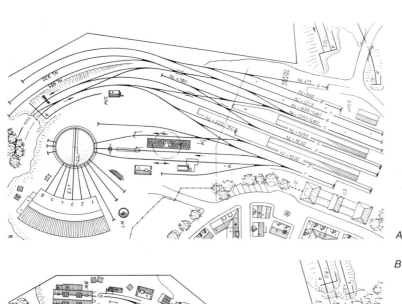

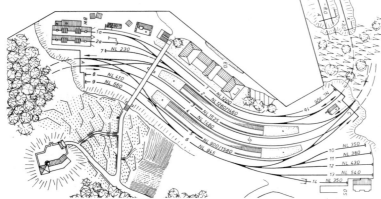

2 Bahnhöfe stehen zur Auswahl. In jedem Plan ist die Bw-Größe richtig abgestimmt, aber Plan A bietet den interessanteren Betrieb. (Planung H0-Anlage Stoll, Länge 2,93 m)

Planungs- und Gestaltungsbeispiele

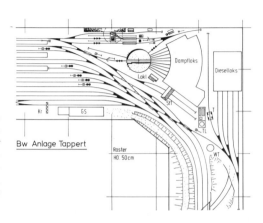

Lokschuppen und Drehscheibe wie auch ein Teil der übrigen Gebäude sind Selbstbau-Modelle, was die individuelle Gestaltung des Bw erleichtert. Die vielen Besucher lassen auf einen "Tag der offenen Tür" schließen. Die Anpflanzungen sind wirklichkeitsnah angelegt. Vor dem Lokschuppen sollte man den Laufsteg nicht vergessen.

Bw Anlage Tappert

Planungs- und Gestaltungsbeispiele

Das Bw auf der Repa-Bahn (Rolf Ertmer, Paderborn) erscheint durch die Anwendung des „Spiegeltrick" größer als in Wirklichkeit. Die Spiegelung ist auf dem Bild nicht auf den ersten Blick zu erkennen. Auch die beiden folgenden Bilder geben einen guten Eindruck von der gekonnten Gestaltung der Anlage.

Der Gleisplan kann nachgeschlagen werden in dem Buch „Die schönsten Modellbahnanlagen", ▶ erschienen im Alba Buchverlag, Düsseldorf.

Planungs- und Gestaltungsbeispiele

Anhang

Modellverzeichnis

Nennung der Hersteller in alphabetischer Reihenfolge. Angaben für die großen Spurweiten am Ende der Aufstellung.

Angaben: $\frac{\text{Katalognummer}}{\text{Grundfläche}}$, [U] = Umbau empfohlen, (USA) = nach US-Vorbild
(H) = Handantrieb, ohne Motor
beim Ringschuppen: Anzahl der Stände (3), (5), (6)

Schuppen für Dampfloks und Dieselloks

Hersteller	einständig		zweiständig		Ringschuppen	
	N	H0	N	H0	N	H0
Arnold	0636 / 122 × 70		0633 / 180 × 100		0854 (5) / 310 × 200	
Faller			2116 / 190 × 110	B-158 / 350 × 165		
Heljan		B 141 / 220 × 120	B 642 / 195 × 85	B 842 / 390 × 240	B 643 (6) / 390 × 215	B 802 / 400 × 350
Kibri	B-7436 / 105 × 50		B-7438 / 190 × 110	B-9438 / 260 × 150		
Pola	B 211 / 177 × 45	B 601 / (190) 285 × 80	B 210 / 184 × 158			
VAU-PE		8213 / (195) 285 × 80				
Vollmer		5750 / 155 × 125		5752 / 305 × 195		5754 / 500 × 330

Anhang

Schuppen für Elloks und Dieselloks

Hersteller	zweiständig	
	N	H0
Arnold	0639 / 144 × 71	
Kibri		B-9450 / 340 × 175
Vollmer	7605/7606 / 154 × 72	5760/5761 / 330 × 150

Schiebebühnen

Hersteller	N	H0
Brawa	1130 / 260 × 210	1180 / 427 × 370
Herkat	1203/1220 (H) / 245 × 165	

Drehscheiben

Hersteller	N	H0
Arnold	0851 / ⌀ 251	
Fleischmann	9150 (H) / ⌀ 222	6018 / ⌀ 343
Heljan	B 646 (H) / ⌀ 250 (USA)	B 804 (H) / ⌀ 360 (USA)
Märklin		7186 / ⌀ 360

Kleinbekohlung

Hersteller	N	H0
Arnold	0635 / 103 × 29	
Heljan	[U] B 661 / 85 × 45	
Kibri	B-7434 / 120 × 40	
Pola		B 561 / 180 × 53 / B 704 [U] / 160 × 150 (USA)
Vollmer		5719 / 130 × 60

Anhang

Großbekohlung bzw. Kran

Hersteller	N	H0
Arnold	0634 222 × 44	
Pola	Portalkran B 249 50 × 42	
Röwa		5210 300 × 230 mit Kran
Vollmer		5722 115 × 115
Wiad		Brückendrehkran 307 A/B

Wassertürme

Hersteller	N	H0
Arnold	0631 55 × 29	
Faller	2150	B-144 87 × 87
Kibri	B-7432 50 × 50	B-9432 80 × 80
Pola	B 217 60 × 60	B 817 [U] 87 × 64 (USA)
VAU-PE		8214 [U] 225 × 90 (USA)
Vollmer		5702 ⌀ 70 5708 [U] 84 × 84

Wasserkräne

Hersteller	N	H0
Arnold	0630	
Faller	in 2150	
Kibri	in B-7430	B-9940
Pola		in 561
Vollmer		6524

Anhang

Besandungsanlagen

Hersteller	N	H0
Arnold	in 0634	
Kibri		in B-9434
Pola	B 247 [U] 172 × 69 (USA)	B 816 [U] '235 × 100 (USA)
VAU-PE		8214 [U] 225 × 90 (USA)
Vollmer		5707 30 × 30
Wiad		306 A/B 30 × 30

Dieseltankstellen

Hersteller	N	H0
Faller		B-145 105 × 35
Kibri	B-7430 140 × 40	B-9430 120 × 100

Gebäude und Lagerschuppen
Umbauten und Zusammenstellungen aus

Hersteller	N	H0
Heljan	B 671	B 360–B 362
Pola	B 216 B 242 Schuppen aus B 247	B 513 Schuppen aus B 602 B 618
Vollmer		5602, 5603, 5720, Fabrikgebäude 5610–5614

Ölkran für H0
Vertrieb: Old Pullman Modellbahnen, Postfach 126,
CH-8712 Stäfa (Schweiz), 57810 Ölkran nach US-Vorbild

Tanklager
Umbauten und Zusammenstellungen aus

Hersteller	N	H0
Faller	2131	
Kibri		B-9440, B-9802 B-9806, B-9808
Pola	254	
Vollmer		5518–5520, 5526

Anhang

Bahndienstwagen

Arnold (N)	0464	Bauzugwagen
	0466	Werkstattwagen mit Kran
	0531	Baustoffwagen
Fleischmann (H0)	5137	Mannschaftswagen ⎫ zum Kranzug
	5339	Gerätewagen ⎭
Liliput (H0)	21411	Werkstattwagen der ÖBB
	30909	Schneepflug
	38010	Nivellier-Stopfmaschine
Röwa (H0)	2002	Gerätewagen
	2066	Bauzugwagen
	2220	Hilfszug-Gerätewagen
Trix (H0)	3407 ⎫ Hilfszugwagen (Bauzugwagen)	
	3413 ⎭	

Heizölkesselwagen

Minitrix (N)	3506	
Fleischmann (H0)	1497	(aus dem Sortiment gestrichen)
Märklin (H0)	4921	als Bausatz

Schlackenwagen

Arnold (N)	4241	
Minitrix (N)	3531 ⎫ Klappdeckel entfernen	
Roco (H0)	4313 ⎭	
	4302 ⎫ Wagentyp 0 mm 52	
Märklin (H0)	4602 ⎭	
Trix (H0)	3450	

Kranwagen (Kranzug)

Arnold (N)	0465	6achsiger Dampfkran mit Ausleger-Stützwagen
Minitrix (N)	3590	6achsiger Motorkran mit Ausleger-Stützwagen
Fleischmann (H0)	5597	Kranzug mit 6achsigem Dampfkran
Liliput (H0)	21000–03	6achsiger Dampfkran
	20410	Niederbordwagen als Ausleger-Stützwagen

Märklin (H0)	4611	3achsiger Motorkran
	(4504)	Niederbordwagen als Ausleger-Stützwagen
Roco (H0)	4316	6achsiger Motorkran (USA, von DB übernommen)
	4306	Niederbordwagen als Ausleger-Stützwagen

Selbstfahrende Bahndienstfahrzeuge

Arnold (N)	0290	Turmtriebwagen
Brawa (H0)	451/452	VW-Schienendraisine
	453	Kleinturmtriebwagen
	454	Bahnmeistereiwagen
	456	Rottenkraftwagen
	458	Anhänger dazu
Günther (H0)	B 055	Turmtriebwagen-Bausatz für Fahrgestell Schienenbus VT 98 (Märklin und Trix)

Wagenwaschanlage

Herkat (H0)	1101	Waschanlage mit Antrieb 330 × 130 mm Umbau zur Triebwagenwaschanlage möglich

Figuren

Merten N 870, 876, 914, 2268, 2280
H0 870, 876, 882, 914, 2268, 2280

Preiser N 9010, 9096, 9205
H0 10, 13, 16, 33, 34, (4010, 4012, 4013, 4016)

Zubehör für große Spurweiten

Spur 0   Heljan.   zweiständiger Lokschuppen $\dfrac{\text{B 1012}}{710 \times 400}$
Drehscheibe

Merten   Figuren 0 2280

Anhang

Spur IIm	Lindberg	Wasserkran 270 (auch für Spur I verwendbar)
	Lutherer	Stellwerk $\dfrac{201}{282 \times 182}$
		Kleinbekohlung $\dfrac{404}{630 \times 153}$
		einständiger Lokschuppen $\dfrac{401}{450 \times 282}$
	Pola	einständiger Lokschuppen $\dfrac{B\ 910}{450 \times 300}$
	Preiser	einständiger Lokschuppen $\dfrac{5403}{400 \times 260}$
		Anbau 5404
		Figuren

Bildnachweis

Arnold Werkfoto 65, 98 (Kleinfeldt)
Barkhoff 11, 80, 97
Ertmer 106–108
Fazler 10, 15, 27, 66, 99
Heljan Werkfoto 73
Horn 58
Lehmann Werkfoto 71

Lehmer 25
Natterer 17, 72
Obermayer 32, 33
Saile 69
Stemmler 39, 41
Stoll 102
Tappert 45, 104, 105

Alle übrigen Bilder vom Verfasser

Anhang

Sinnbilder und Erläuterungen

 Wasserkran

 Ölkran

 Kohlenkran

Drehscheibe mit einer Brückenlänge von 290 mm

EG	Empfangsgebäude
GS	Güterschuppen
Stw	Stellwerk
LSch	Lokschuppen
	D = Dampf, V = (Diesel) Verbrennungstriebfahrzeuge
Wst	Werkstatt
WT	Wasserturm
T	Dieseltankstelle
S	Besandungsanlage
Schl	Ausschlackanlage
Schlwg	Schlagenwagengleis
Lö	Löschebansen, Löschegrube
K	Bekohlungsanlage
Kr	Überladekran
Hb	Hebeböcke
Lokl	Lokleitung
Ugl	Umfahrgleis
Br.	Brawa
F.	Fleischmann
Ki.	Kibri
P.	Pola
V.	Vollmer

Br., F., Ki., P., V. jeweils mit Angabe der Katalognummer

HELJAN Plasticbausätze mit der Maßstäblichkeit ohne Kompromisse, für Betriebswerke in den Baugrößen „0", „H0" und „N".

Für Baugröße „H0":

Bausatz B 141 Lokschuppen mit Anbau, 1ständig
B 802 Ringlokschuppen 10°, 3ständig
B 803 Erweiterung für B 802, 3ständig mit Anbau
B 804 Drehscheibe manuell, Durchmesser 36 cm
B 842 Lokschuppen mit Anbau, 2ständig „neu"

Für Baugröße „N":

Bausatz B 642 Lokschuppen, 2ständig
B 643 Ringlokschuppen 7,5°, 6ständig
B 646 Drehscheibe manuell, Durchmesser 25 cm
B 652 Bekohlungsanlage, 2gleisig
B 653 Bekohlungsanlage nach amer. Vorbild

Für Baugröße „0":

Bausatz B 1012 Lokschuppen mit Anbau, 2ständig

Fertigmodell „0"–30101 einer Nebenbahndrehscheibe in Kleinserienausführung von ADDIE-MODELLBAU-MAINZ, Durchmesser 36 cm (ehem. DR 16 m Drehscheibe)

Alle Bausätze sind in Ihrem Fachgeschäft erhältlich

HELJAN-Vertrieb für die Bundesrepublik Deutschland: H. Kleinhanß, 65 Mainz 22, Postfach
Telefon 0 61 31/3 52 23

Der besseren Modelle wegen POLA - N

POLA Modellspielwarenfabrik 8731 Rothhausen

die führende Zeitschrift für die Freunde der großen und kleinen Eisenbahn

erscheint monatlich
Einzelheft 4,00 DM / 5,00 sfr
33 öS / 4,50 hfl

Alf Teloeken Verlag KG

4 Düsseldorf 30 · Postfach 320 109